물고기랑
놀자!

물고기랑 놀자!

2020년 5월 21일 개정판 1쇄 발행

지은이 이완옥 ㅣ **그린이** 성인권
펴낸이 김기옥 ㅣ **펴낸곳** 봄나무 ㅣ **아동 본부장** 박재성
편집 한수정 ㅣ **영업** 김선주 서지운 ㅣ **제작** 김형식 ㅣ **지원** 고광현 임민진
등록 제313-2004-50호(2004년 2월 25일)
주소 121-839 서울시 마포구 양화로11길13(서교동, 강원빌딩 5층)
전화 (02)325-6694 ㅣ **팩스** (02)707-0198
이메일 info@hansmedia.com

도서주문 한즈미디어(주)
주소 121-839 서울시 마포구 양화로11길13(서교동, 강원빌딩 5층)
전화 (02)707-0337 ㅣ **팩스** (02)707-0198

ⓒ 이완옥, 성인권 2006

ISBN 979-11-5613-141-0 73490

- 이 책 내용의 일부 또는 전부를 사용하려면 반드시 저작권자와 봄나무 양측의 동의를 얻어야 합니다.
- 책값은 뒤표지에 나와 있습니다.
- 이 도서의 국립중앙도서관 출판예정도서목록(CIP)은 서지정보유통지원시스템 홈페이지(http://seoji.nl.go.kr)와 국가자료종합목록 구축시스템(http://kolis-net.nl.go.kr)에서 이용하실 수 있습니다.(CIP제어번호 : CIP2020019051)

이완옥 박사님이 들려주는
우리 민물고기 이야기

물고기랑 놀자!

이완옥 지음 | 성인권 그림

봄나무
Bomnamu Publishers, Inc.

머리말

물고기들에게 우리가 먼저 손을 내밀고 **말을 건네야 해요!**

우리나라의 물속 세상, 물속 친구들이 행복해졌으면 좋겠어요. 그들이 어디에 사는지, 무얼 먹고 사는지, 짝짓기는 언제 하고 알은 어디에다 낳는지 모두 알았으면 좋겠어요. 그래야 그들 편이 되어서 도와줄 수 있으니까요.

  물속 친구들이 살지 못하는 곳에서 우리는 잘 살 수 있을까요? 물고기가 살지 못하는 사막에서 우리는 과연 행복할 수 있을까요? 안타까운 일이지만, 우리는 그들의 마음을 너무 많이 모르고 있답니다. 아직 이름조차 가지지 못한 우리나라의 물고기들이 여러분을 기다리고 있어요.

  어린이 여러분, 눈에 훤히 보이는 걸 찾는 건 참 쉽습니다. 누구나 할 수 있으니까요. 하지만 눈에 보이지 않는 것에 호기심을 가지고 관찰해 찾아내기란 쉽지 않은 일입니다. 그래도 나는 여러분을 믿어요. 그러니 우리가 먼저 그들에게 말을 걸어야지요. 먼저 손을 내미는 것입니다. 그들과 친구가 되려면 사는 데로 찾아가서 자주 만나야겠지요.

　이 책을 쓰다 보니 물고기를 잡으며 놀던 어린 시절이 문득문득 떠올랐습니다. 지금으로부터 40여 년 전, 농수로에서 잡아 병에다 키우던 미꾸리 한 마리가 지금도 가끔 살아서 꿈에 보이기도 해요. 그리고 민물고기를 연구하는 과학자가 되면서 만난 최기철, 김익수, 전상린 박사님 생각도 자주 났습니다. 우리나라에 어떤 물고기가 사는지 한평생을 다 바쳐 연구한 분들이거든요. 그리고 어떻게 하면 민물고기들이 잘 살 수 있을지 제가 해 온 노력들도 담으려고 애써 보았습니다. 부족하지만, 이 책을 읽은 여러분이 물고기들과 좀 더 친해지기를 바라기도 했어요.

　여러분도 알겠지만, 우리 물고기들이 마음 놓고 살 만한 곳이 점점 사라지고 있습니다. 이제부터라도 노력하지 않으면 서호납줄갱이처럼 박물관에서나 만날 수 있는 친구가 더 생길지도 몰라요. 지금 우리 민물고기들이 어떤 어려움을 겪고 있는지, 그들의 슬픈 목소리를 여러분도 들을 수 있기를 간절히 바랍니다.

　　　　　　　　　　　　　　　　　　　　　　　이완옥 드림

차례

- 머리말 6

- 민물고기 몸 이름 알기 10
- 우리 땅을 흐르는 크고 작은 강줄기들 11

1. 물속 세상 물속 친구들 12

2. 어떤 물에 어떤 물고기가 살까? 14

버들치를 아시나요? 16 | 아직 갈겨니가 주인이라면…… 20
피라미, 만세를 부르다 25 | 붕어랑 잉어는 어떻게 살았을까? 29

3. 우리 학자들이 발견한 민물고기 35

자랑스러운 그 이름, 참종개 37 | 미호종개를 다시 볼 수 있을까? 40
한강과 임진강에서만 사는 가는돌고기 45 | 아프게 톡 쏘는 친구, 퉁사리 50
놀라운 만남, 임실납자루 53 | 부안 댐에 수몰된 부안종개의 운명은? 58

4. 우리나라에서만 살고 있어요 63

산란탑을 만드는 천연기념물, 어름치 64 | 순박한 시골 각시 같은 각시붕어 69
멋진 그 이름, 쉬리 73 | 언제 사라질지 모를 감돌고기 78
고양이 눈, 꾸구리 83 | 알과 새끼를 정성스레 보살피는 꺽지 87
중고기도 조개가 있어야 살 수 있어요 91 | 씩씩한 청소부, 돌마자 95

5. 탐구하자, 우리 민물고기 99

아주 가 버린 서호납줄갱이 100 | 다시 살아난 종어 103
차가운 물에서만 사는 천연기념물, 열목어 108 | 한강에만 사는 황쏘가리 112
미꾸리는 창자로도 숨을 쉰다 116 | 버들붕어는 싸움 고기 120 | 누가 봐도 무서운 가물치 123
송사리 별명은 '눈쟁이' 127 | 은어의 한살이 131 | 눈물겨운 아비의 사랑, 가시고기 135
꼬치동자개도 이 땅에서 살 자격이 있어요 140

- 우리나라에만 사는 고유종 민물고기 144
- 천연기념물로 지정된 우리 민물고기 146
- 환경부에서 멸종 위기 야생 동식물로 지정한 우리 민물고기 148

민물고기 몸 이름 알기

물고기 몸은 머리, 몸통, 꼬리, 지느러미 네 부분으로 되어 있습니다. 아래 있는 그림은 천연기념물 가운데 하나인 황쏘가리예요. 입에서부터 꼬리 끝까지 어떤 이름들이 있는지, 또 어디서부터 어디까지를 몸길이로 하는지 잘 알아 두세요. 그래야 우리 민물고기들에 대해 좀 더 자세하게 알 수 있답니다.

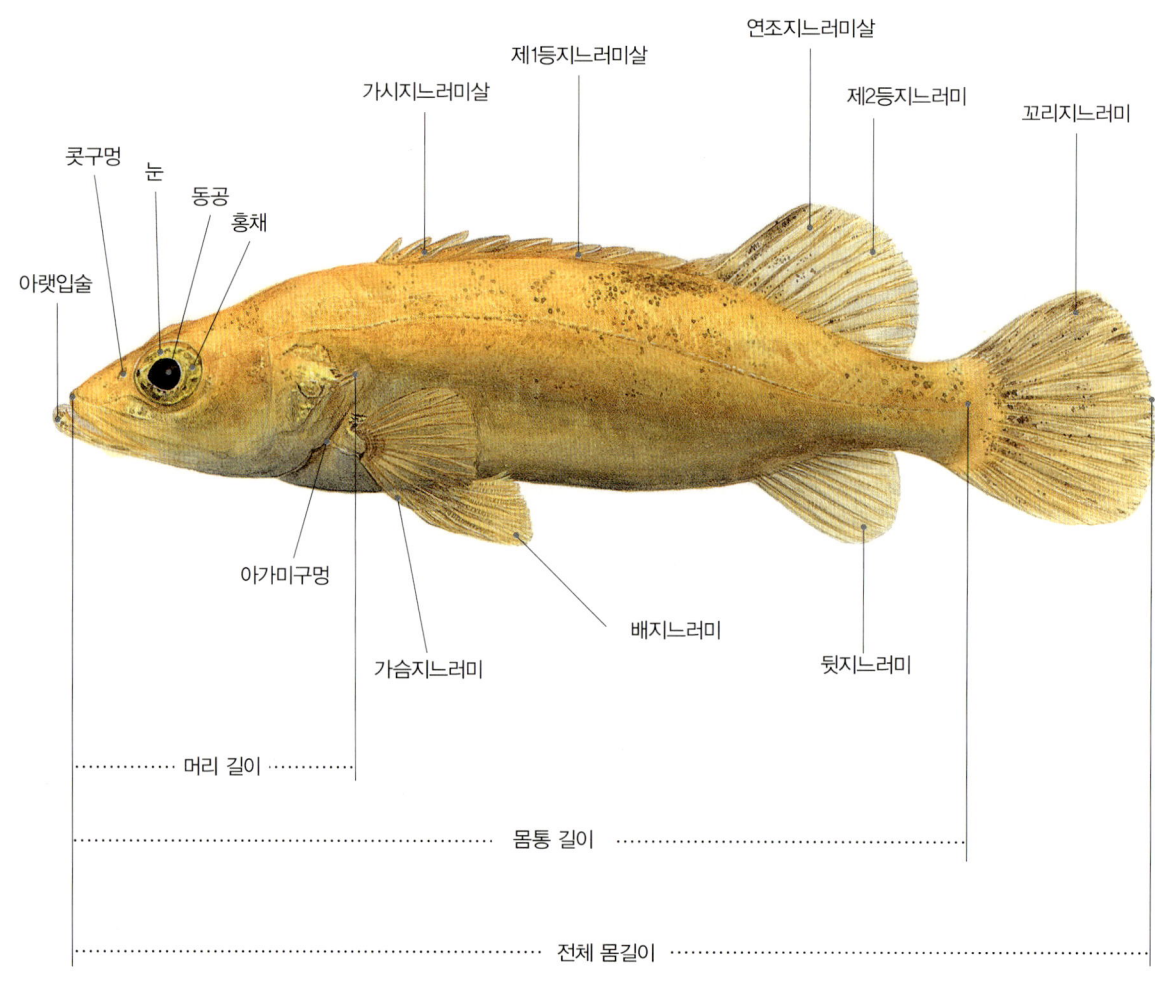

우리 땅을 흐르는 크고 작은 강줄기들

예로부터 우리나라는 물이 맑기로 유명했어요. 깊은 산골짝에서 시냇물로 흐르던 물이 먼 바다까지 가다 보면 어느새 커다란 강으로 바뀌어 있지요. 아래 지도를 보세요. 크고 작은 강줄기마다 귀한 생명들이 살아가고 있습니다.

1 물속 세상 물속 친구들

　물속 세상을 들여다보면 어떤 친구들이 살고 있는지 궁금해집니다. 마치 아무도 없는 것처럼 조용하기만 하다가 갑자기 물고기 몇 마리가 무언가를 찾으며 휙휙 지나갑니다. 반가운 마음이 저절로 들어요.

　물에 잠긴 돌을 살짝 들어 조심조심 봅니다. 돌 밑에 하루살이 애벌레가 보입니다. 강도래 애벌레도 보이고, 플라나리아가 부지런히 돌 밑으로 도망치는 게 보입니다. 그래요, 누군가가 살고 있었습니다. 어린이들 눈이 점점 커다래지겠지요? 아마 생각도 조금씩 바뀔 것입니다. 물속 세상에도 많은 친구들이 산다는 것을 눈으로 보았으니까요.

　그런데 물속 친구들은 무얼 먹고 살까요? 그들도 살아 있는 목숨이니까 무엇이든 먹어야 살 수 있겠지요? 물속 친구들이 먹을 영양분은 '식물성 플랑크톤'이라는 작은 친구들이 먼저 만듭니다. 그들 몸에는 '엽록체'라는 게 있는데, 햇빛을 받아서 광합성을 하지요. 광합성이란 식물이 햇빛을 받아서 자기 몸에 꼭 필요한 영양분을 만드는 것이랍니다.

이 식물성 플랑크톤을 먹고 '동물성 플랑크톤'이 살아갑니다. 그리고 동물성 플랑크톤을 먹고 곤충들의 애벌레나 작은 물고기들이 살아가지요. 또 곤충들의 애벌레나 작은 물고기를 먹고 큰 물고기와 물새들이 살아갑니다. 새우나 다슬기는 물속 친구들의 죽은 몸을 먹고 살아요. 이렇게 물속 친구들은 서로 먹고 먹히면서 어우러져 살아갑니다. 이런 관계를 '먹이사슬', 혹은 '먹이망'이라고 해요.

먹이사슬이 잘 지켜지려면 물속에서도 햇빛이 꼭 필요합니다. 그리고 물속 친구들이 마음 놓고 살 수 있는 곳이 있어야 해요. 맑은 물이 졸졸 흐르는 곳도 있어야 하고, 고일 만한 곳도 있어야 합니다. 또 깊은 연못도 있어야 하고, 얕은 여울도 있어야 해요. 물속 바닥도 진흙으로 된 곳, 모래나 자갈이 깔린 곳, 바위로 된 곳, 이렇게 여러 가지가 필요하답니다. 이런 곳이라면 우리나라의 예쁜 물고기들이 마음 놓고 살 수 있을 거예요.

하루살이 애벌레
줄날도래 애벌레
다슬기
강도래 애벌레

2 어떤 물에 어떤 물고기가 살까?

강은 어디에서 시작되었을까요? 아마 깊고 깊은 산속에서 솟아난 옹달샘이었을 거예요. 거기서 시작돼 골짜기로 흘러 시냇물이 되었을 것입니다. 이렇게 시냇물이 흐르는 곳을 강의 '상류'라고 하지요. 물살이 아주 빠르고 손을 대면 몹시 차갑습니다. 물이 아주 깨끗해서 바로 마실 수도 있어요. 하지만 상류에는 먹이가 적어서 많은 생물이 살 수 없답니다. 민물고기 가운데는 버들치, 금강모치, 버들개, 열목어처럼 차가운 물에 잘 적응한 친구들만 조금 있어요.

상류에서 내려오는 시냇물이 모여서 '중류'가 됩니다. 흐르는 폭은 넓어졌지만 깊지는 않아요. 물이 흐르는 여울과 물이 모이는 웅덩이가 번갈아 보이지요. 강바닥도 모래, 자갈, 바위가 골고루 있어서 20~30종이나 되는 물고기가 살고 있습니다. 물도 깨끗하고, 먹이도 많고, 숨거나 편히 쉴 수 있는 데가 많아서 그렇겠지요. 어름치나 쉬리처럼 우리나라에만 사는 물고기가 중류에 많습니다.

중류를 지나면 강은 '하류'에 닿습니다. 물이 흐르는지 안 흐르는지 잘 모르겠고, 물이 탁해서 바닥이 보이지 않으면 하류라고 보면 됩니다. 서울에서 볼 수 있는 한강이 바로 하류지요. 하류에는 물도 많을뿐더러 먹이도 많아서 잉어, 붕어, 메기 같은, 우리가 먹을 수 있는 큰 민물고기들이 살고 있습니다.

이제 강은 하류를 떠나 '하구'에 이릅니다. 강과 바다가 만나는 곳을 하구라고 해요. 하구에는 누치, 두우쟁이 같은 민물고기와 점농어, 숭어, 문절망둑 같은 바다고기가 같이 살고 있는 특별한 곳이랍니다. 한강에 있는 밤섬 아래부터를 하구라고 할 수 있어요.

자 여러분, 소양 댐이나 팔당 댐처럼 우리나라에는 댐이 많지요? 흐르는 물을 막아서 큰 호수처럼 만든 것 말입니다. 그런데 강 상류와 중류에 이렇게 댐을 만들면 물속 친구들은 어떻게 될까요? 물이 많아지고, 물 흐름도 없어지고, 또 깊어질 테니까 원래 살던 친구들은 살기 어려워지고 하류에 살던 친구들이 살기 좋아지겠지요. 강 상류나 중류에는 우리나라에만 사는 예쁜 물고기가 많다고 그랬는데, 그럼 그 친구들은 어디로 가야 할까요?

버들치를 아시나요?

깊은 산속 자그만 옹달샘에서 맑은 물이 솟아 시냇물이 됩니다. 시냇물은 골짜기를 따라 졸졸졸 흐르다가 실개울을 이루지요. 그러다가 물이 점점 많아지고 빠르게 흐르면 여울도 생기고 폭포도 생기겠지요. 수정같이 맑고 깨끗한 물이 흘러 내려갑니다. 바로 떠서 마실 수 있으니까, 먹는 물 수질 등급으로 1급수라고 해요.

여기에는 어떤 물속 친구들이 살고 있을까요?

강의 맨 위쪽, 상류에는 물고기보다 가재와 옆새우가 많이 삽니다. 조금 더 내려와야 물고기가 살아요. 바로 그곳에 깨끗한 물이 아니면 살 수 없는 대표 물고기, '버들치'가 산답니다. 물에 떠서 이리저리 움직이는 버드나무 잎을 닮았다고 버들치라는 예쁜 이름이 붙었어요. 물이 아주 차갑고, 빠르게 흐르고, 먹이도 많지 않은 곳에서 어떻게 버들치는 살게 되었을까요?

물고기가 마음 놓고 살 수 있으려면 물이 깨끗해야 하고, 먹이도 많아야 할 것입니다. 또 물도 알맞게 흐르거나 고여 있어야 하고, 쉬면서 새끼를 키울 곳도 있어야 되지요. 하지만 버들치가 사는 곳은 그렇지 않습니다. 앞에서 이야기한 것처럼 물도 아주 차갑고, 너무 빠르게 흐르는 데다가, 먹이도 많지 않으니까요.

 그런데 버들치는 이런 곳에서 혼자만의 왕국을 만들어서 살아갑니다. 다른 물고기라면 살 수 없는 곳에서 온갖 어려움을 이겨 내고 살아 남은 것이지요. 그래서 버들치는 아무거나 잘 먹는 잡식성이 되었습니다. 무엇이든 먹어야 살 수 있으니까요. 먹다 남은 밥알이나 라면 부스러기라도 떨어지면 돌 틈에 숨어 있던 버들치가 어느새 몰려들어 오물오물 맛있게 먹는답니다.

버들치

버들치가 가장 많이 사는 곳은 어디일까요? 산속 절 근처에 가장 많이 살아요. 절에서 흘러나오는 음식물 부스러기를 먹을 수 있기 때문이겠지요. 물론 살아 있는 목숨을 귀하게 여기는 스님들의 보살핌도 있었을 것입니다. 그래서일까요? 버들치를 가리키는 고향 말에는 '중태기', '중고기'가 있답니다.

그럼 버들치가 가장 좋아하는 먹이는 절에서 나오는 음식물 부스러기일까요? 물론 아닙니다. 버들치가 가장 좋아하는 먹이는 따로 있어요. 바로 하루살이 애벌레, 강도래 애벌레, 깔다구 애벌레 같은 물속 곤충들의 애벌레예요. 그리고 돌에 붙어 있는 돌말도 잘 먹는답니다.

물고기가 알 낳는 모습을 본 적 있나요? 물고기마다 이름도 다르고 생긴 모양도 다르니까, 알 낳는 방법도 저마다 다르겠지요? 버들치는 보통 5월이나 6월에 암컷 한 마리를 수컷 수십 마리가 에워싸고 알을 낳습니다. 알 낳는 곳은 모래와 자갈이 깔린 웅덩이에요. 수정된 알은 물 흐름을 따라 모래와 자갈 사이에 퍼져서 깨어납니다. 알에서 깨어난 어린 버들치는 물살이 잔잔한 곳에서 떼 지어 자라는데, 어미가 되어도 10cm 크기밖에 안 된답니다.

여러분이 동해로 흐르는 계곡에서 버들치를 찾는다면, 아마 못 찾을 것입니다. 버들치는 우리나라의 서해나 남해로 흐르는 개울에서만 살거든요. 동해 쪽에는 버들치랑 사촌이라 할 만큼 비슷한 친구들이 산답니다. 바로 '버들개'와 '연준모치'예요. 이 친구들도 아주 차고 깨끗한 물에서만 살아요.

   그리고 서해로 흐르는 계곡에는 아주 특별한 친구가 살고 있습니다. 이 친구는 버들치보다 더 위쪽에 사는 데다가 다른 나라에는 없고 오직 우리나라에만 있어요. 바로 '금강모치'라는 친구입니다. 몸 양쪽에 주황색 세로 띠가 두 줄씩 있어 누구나 금방 알아볼 수 있어요. 금강산에서 처음 발견되어 '금강모치'란 이름을 얻었습니다. 북한에서는 '금강어'라고 한대요.

금강모치

다행히 한강 가장 위쪽에서는 아직 살고 있지만, 금강에서는 거의 사라져 버렸답니다. 금강모치가 살던 곳에 스키장이 들어서고 사람들이 와글와글 모이다 보니, 살 수 없게 된 것이지요.

여러분, 지금은 청계천에 버들치가 살고 있습니다. 청계천의 상류에서 버들치를 만날 수 있어요. 깨끗한 물에서 산다는 버들치를 서울에서 만나다니 즐겁지 않나요?

아직 갈겨니가 주인이라면……

우리 강이 얼마나 심하게 몸살을 앓고 있는지 여러분도 아시지요?

사람들은 높고 낮은 산을 허물어서 거미줄 같은 도로를 만들었습니다. 깨끗한 물이 흐르는 중상류 계곡마다 번드르한 별장과 전원주택, 그리고 콘도가 생겼어요. 어디 다른 나라 이야기가 아니라 바로 우리나라 이야기입니다.

강의 중상류에 가장 많이 사는 물고기가 '갈겨니'입니다. 먹는 물 수질 등급으로 1급수라는 걸 알려 주는 물고기가 버들치라면, 갈겨니는 자기가 살고 있는 물이 1·2급수라는 걸 알려 주는 물고기예요.

갈겨니라는 이름은 많이 들어 보지 못했지요? 그런데 갈겨니는 피라미와 붕어 다음으로 우리나라에 많이 사는 물고기예요. 그렇다고 아무 데서나 사는 건 아닙니다. 깨끗한 물이 흐르는 중상류가 아니면 볼 수 없으니까요. 그런데 갈겨니가 사는 곳에다 자꾸 도로를 만들고 콘도를 지어서 못 살게 구니 사는 곳이 점점 줄어들어 좀처럼 만나기 쉽지 않지요.

자, 그럼 유달리 눈이 크고 검은 친구, 그래서 옛날부터 별명이 '눈검정이'였던 갈겨니가 어떻게 사는지 알아볼까요?

갈겨니는 여울과 여울 사이 물 흐름이 느린 곳에서 많이 삽니다. 보통 10~15cm 정도 자라지만, 사람 발길이 뜸한 설악산 백담사 계곡이나 인제 내린천에 가면 20cm까지 자란 친구도 볼 수 있어요. 물이 맑은 데다가 먹을 것도 많아서 살기가 좋으니까요.

갈겨니는 하루살이 애벌레나 강도래 애벌레처럼 물속 곤충 애벌레를 즐겨 먹지만, 물 위에 떨어진 곤충도 잘 먹는답니다. 무엇보다 해질 무렵 물 위쪽으로 몰려든 곤충을 아주 좋아해요. 피라미와 갈겨니가 함께 사는 곳에 가면 갈겨니의 식성을 또렷이 알 수 있어요. 피라미는 물속의 곤충 애벌레를 잘 먹지만, 갈겨니는 물속 곤충 애벌레는 물론 물 위에 떨어진 어른 곤충도 잘 먹는답니다. 알은 5월에서 8월까지, 여름철에 낳아요.

제주도나 울릉도 같은 섬 알지요? 우리나라는 바다로 둘러싸여 있어서 크고 작은 섬이 아주 많습니다. 그런데 참 이상하게도, 피라미가 살고 있는 섬은 별로 없는데, 갈겨니가 살고 있는 섬은 아주 많아요. 왜 그럴까요?

우리나라의 섬은 아무리 크다 해도, 물이 흐르는 길이가 육지보다 짧을 수밖에 없습니다. 그런데 피라미는 물이 빠르게 흐르는 여울에다 알

참갈겨니

을 낳습니다. 만약 피라미가 물의 길이가 짧은 섬에서 알을 낳으면 그 알들은 채 깨어나기도 전에 바다로 떠내려갈 것입니다. 하지만 갈겨니는 여울과 여울 사이 물이 잔잔하게 흐르는 데다 알을 낳으니까 섬에서 알을 낳아도 바다까지 떠내려갈 걱정이 없지요. 그래서 갈겨니는 물 길이가 짧은 섬에서도 마음 놓고 새끼를 낳아 기를 수 있었던 거예요.

갈겨니는 우리나라뿐 아니라 일본이나 중국에서도 살고 있습니다. 그런데 일본에 사는 갈겨니와 우리나라에 사는 갈겨니가 다르다는 것을 알게 된 건 겨우 1, 2년밖에 되지 않았어요. 뿐만 아니라 우리나라에 사는 갈겨니도 다 같은 건 아니랍니다. 임진강이나 한강에 사는 갈겨니하고 저 남쪽 섬진강이나 영산강에 사는 갈겨니도 자세히 보면 조금 다르거든요. 눈 크기도 다르고 지느러미 살도 다르지만, 가장 큰 차이점은 바로 '혼인색'이랍니다. 혼인색이란, 알 낳을 때가 된 수컷의 몸 색깔이 고운 색으로 바뀐 것을 말해요. 한강, 임진강, 금강에 많이 사는 갈겨니는 우리나라에만 있는 종인데 '참갈겨니'라고 하고, 섬진강과 낙동강에 많이 사는 종은 그냥 '갈겨니'라고 해요. 지금도 과학자들은 갈겨니 종류에 대해 더 많이 연구하고 있어요.

나도 한강에 사는 갈겨니와 섬진강에 사는 갈겨니가 어떻게 다른지 연구하고 있었어요. 그리고 일본에 사는 갈겨니 가운데 몇몇이 섬진강에 사는 갈겨니와 비슷한 것을 알고 난 뒤 이것도 어떻게 된 일인지 조사해 봤어요. 무엇보다 한강에 사는 갈겨니와 섬진강에 사는 갈겨니는 알 크기, 갓 깨어난 어린 갈겨니의 크기나 모양이 다르거든요. 그런데 여러 가지 연구를 종합하여 마침내 갈겨니를 두 종으로 나누게 되었어요. 바로 갈겨니와 참갈겨니로요.

그런데 참 걱정입니다. 피라미와 달리 갈겨니는 조금만 물이 더러워져도 살지 못해요. 자연스럽게 흐르던 시냇물에다 사람이 손을 대면, 물은 갈수록 줄어들고 더러워집니다. 그럼 갈겨니는 점점 줄어들고 피라미는 점점 늘어날 거예요. 이 말은 시냇물의 주인이 바뀐다는 뜻이지요. 깨끗한 물이 흐르는 중상류라면 당연히 갈겨니가 주인이어야 하는데, 그런 곳이 자꾸 더러워지니 갈겨니 대신 피라미가 주인 노릇을 한답니다.

아주 먼 옛날, 온 나라가 숲으로 덮였을 때는 얼마나 많은 갈겨니가 살고 있었을까요? 지금은 피라미가 갈겨니보다 자그마치 세 배나 많아졌으니, 우리 강이 얼마나 심한 몸살을 앓는지 알 수 있지요. 만약 갈겨니가 평화롭게 살고 있다면 아직 깨끗한 물이라고 믿어도 된답니다. 여러분이 사는 곳에는 피라미가 주인입니까, 아니면 지금도 갈겨니가 주인입니까?

피라미, 만세를 부르다

우리나라에서 가장 많은 민물고기는 무엇일까요? 그건 바로 피라미예요. 강이든 호수든 개울이든 연못이든, 민물이라면 피라미가 살지 않는 곳이 별로 없으니까요. 맑은 물이 흐르는 상류만 빼고 말 그대로 온 나라가 피라미 천지입니다. 피라미를 일컫는 고향 말만 해도 수백 가지라고 하니, 피라미야말로 우리나라를 대표할 만한 민물고기라 할 수 있겠지요.

그럼 자연이 더럽혀지지 않은 옛날에는 어땠을까요? 온통 숲으로 뒤덮인 그때는 지금처럼 피라미가 넓게 퍼져서 살지는 못했겠지요? 깨끗한 물이 흐르는 중상류에는 갈겨니가 주인이었을 테고, 물이 탁한 하류나 저수지는 붕어가 버티고 살았을 테니까요. 그럼 어떻게 해서 피라미는 온 나라를 제 집처럼 누비며 살게 되었을까요?

도시가 생기고 사람이 모이면서 많은 것이 변했습니다. 또 사람들이 점점 잘살게 되면서 물도 점점 많이 쓰게 되었어요. 이러다 보니 지하수나 강물만 가지고는 물이 모자라게 되었습니다. 결국 사람들은 강물을 막고 댐을 만들었습니다. 여러분도 잘 아는 소양 댐, 팔당 댐, 청평 댐들이 다 이렇게 해서 만들어진 것이지요.

그뿐만이 아닙니다. 홍수가 나면 사람들이 피해를 입는다면서 강바닥을 파내 평평하게 만들었습니다. 그러니 어떻게 되었겠어요. 물고기가 숨어 사는 돌, 바위, 자갈, 물풀들이 갈수록 줄어들어 버렸지요.

이렇게 댐이 생기고, 강바닥이 파이면서 물속 세상도 바뀌었습니다. 자연스럽게 흐르던 물길을 강제로 막으니까 강은 어느덧 호수가 되었고, 전처럼 흐르지 않고 고여 있으니 물도 갈수록 탁해졌어요. 그러다 보니 갈겨니처럼 맑은 물이 꼭 필요한 친구들은 살 곳을 찾아 더 깊은 산골로 들어가야 했습니다. 반대로 피라미는 제 세상을 만난 듯 기뻤을 거예요.

피라미는 물이 빠르게 흐르는 여울에다 알을 낳는다고 했지요. 그래서 섬처럼 개울이 짧은 데서는 잘 못 산다고 했는데, 개울이 길면 떠내려가는 동안에도 조금씩 자랄 수 있어요. 그래서 제 힘으로 헤엄을 칠 수 있게 되면 다시 태어난 곳으로 거슬러 올라와 살아가는 거지요. 태어난 곳으로 되돌아오는 길은 험난해서 많은 피라미가 죽고 몇몇만 살아남게 됩니다.

그런데 사람들이 강의 중상류를 막아 둑을 쌓고 댐을 만들었으니 이제 피라미가 낳은 알이 떠내려가지 않게 되었지요. 그러니 힘든 여행은 더 이상 할 필요가 없어졌지요. 피라미는 얼마나 신이 났을까요? 아마 만세를 불렀을 거예요. 피라미는 아무 걱정 없이 알을 낳았고, 마구 불어났답니다. 결국 사람이 끼어들어서 온 나라를 피라미 세상으로 만들었다고 할 수 있습니다.

  우리나라에 피라미가 많아진 까닭은 또 있습니다. 피라미는 다른 물고기보다 바뀐 환경에 잘 적응했어요. 지구에 사는 모든 생물은 다 환경에 적응해서 살아가는 힘이 있습니다. 예를 들어 볼까요? 환경이 오염되면서 많은 포유동물과 새들이 줄어들었지만 비둘기나 까치, 그리고 갈매기는 점점 늘어났습니다. 멧돼지와 들고양이는 사람이 버린 쓰레기

피라미

까지 뒤져 먹으면서 수가 늘어났습니다.

피라미도 마찬가지입니다. 둑을 쌓거나 댐이 들어서면서 많은 물고기들이 살 곳을 찾아 떠났습니다. 흐르는 물이 줄어든 데다 물도 더러워져서 도저히 알을 낳고 살 수 없었으니까요.

그런데 피라미만은 끝까지 떠나지 않고 살아남아 먹이를 찾고 알을 낳았습니다. 참으로 놀랄 만한 적응력이지요. 앞으로도 피라미는 우리나라에 가장 많이 사는 민물고기로 남을 게 틀림없습니다. 다른 물고기가 단 한 종도 살지 않는 곳에서 피라미만은 꿋꿋하게 살고 있는 것을 나도 많이 보았거든요.

피라미는 강 중류, 그러니까 먹는 물 수질 등급으로 2·3급수가 흐르는 여울에 많이들 모여 삽니다. 물속 곤충들의 애벌레든, 아니면 돌말 같은 식물성 플랑크톤이든 가리지 않고 잘 먹지요. 그래서인지 20cm까지 자란 친구도 적지 않게 보았습니다.

알은 5월부터 낳기 시작해 어림잡아 8월까지 여러 차례 나누어서 계속 낳습니다. 요새는 여울뿐만 아니라 잔잔한 연못까지, 어디서나 피라미가 알 낳는 걸 볼 수 있어요. 여러분은 혹시 혼인색을 띤 피라미 수컷을 본 적 없나요?

해마다 5, 6월이 되면 아름답고 화려한 혼인색으로 비늘을 갈아입고 암컷을 꾀느라 정신없이 헤엄치는 피라미 수컷을 흔히 볼 수 있답니다. 그때 피라미 수컷은 주둥이나 눈 가장자리에 좁쌀만 한 흰 돌기가 돋아 있어요. 이걸 좀 어려운 말로 '추성'이라고 합니다.

백 번 말해 봐야 무슨 소용이 있겠어요. 피라미를 눈으로 보면 얼마나 예쁜지 알 수 있을 테니 한번 개울가에 나가 보세요. 금방 피라미를 만날 수 있을 거예요.

붕어랑 잉어는 어떻게 살았을까?

민물고기를 잘 모르는 친구도 붕어와 잉어는 많이 들어 봤을 거예요. 우리나라에 많기도 하고 옛날부터 우리 겨레와 가깝게 살아왔으니까요. 강 하류나 저수지, 연못, 호수처럼 물이 흐르지 않는 곳에 붕어와 잉어가 살고 있습니다. 붕어는 피라미 다음으로 우리나라에 많이 사는 물고기예요.

붕어랑 잉어를 구별할 줄 아나요? 몸이 크고 길며, 폭이 좁고 입수염이 두 쌍 달린 친구가 잉어입니다. 길이가 짧고 굵으며, 입수염이 없는 친구는 붕어지요.

붕어하고 잉어는 물이 흐르지 않고 고여 있는 곳에 산다고 했습니다.

붕어

그런 물은 속이 보이지 않고 흐리지요. 유기물이 워낙 많아서 사람들은 도저히 그냥 마실 수 없는 물, 이런 물을 우리는 먹는 물 수질 등급으로 3급수라고 합니다. 그런가 하면 하수도의 물처럼 생물이 도저히 살 수 없는 물을 4급수라고 해요. 이런 물은 공장에서도 쓸 수 없기 때문에 죽은 물이지요. 안타깝고 슬픈 일이지만, 이제 도시든 농촌이든 이렇게 죽은 물이 더 많습니다. 3급수만 되어도 붕어가 살고 잉어도 사는데, 4급수가 점점 늘고 있으니 마음이 아프지요.

붕어와 잉어가 한곳에 산다고는 했지만, 사실 붕어는 강 중류에서 하류까지 잉어보다 더 넓게 퍼져 사는 물고기입니다. 피라미와 마찬가지로, 붕어가 살지 않는 곳이 어디 있을까 싶을 만큼요. 하다못해 조그만 섬에서도 사는 걸 보면, 붕어도 어떤 환경이든 잘 적응하는 물고기라는 것을 알 수 있습니다.

붕어는 사는 곳에 따라 조금씩 색깔도 다르고 모양새도 다릅니다. 연못이나 논두렁, 저수지에 사는 붕어는 대개 몸높이가 높고 누르스름한 갈색이지만, 하류보다 깨끗한 물이 흐르는 중상류 쪽 붕어는 몸높이가 낮고 푸르스름한 색이거든요. 그러다 보니 논붕어, 호박붕어, 강붕어, 돌붕어 같은 고향 말이 셀 수 없을 만큼 많아졌습니다. 지금까지 우리나라에서 잡힌 붕어 가운데 가장 큰 것은 몸길이가 60cm라는데, 보통 30cm가 넘는 붕어를 월척이라고 합니다.

그런데 요즘 들어서는 작은 붕어조차 보기 어렵습니다. 그 까닭은 여러 가지가 있지만, 무엇보다 붕어가 사는 곳이 사람들이 사는 곳과 가깝기 때문이에요. 예로부터 넓은 들이 펼쳐져 있고, 강물이 천천히 흐르는 곳에는 농사를 지으려고 사람들이 모여들었습니다. 그런데 사람이 많아질수록, 그리고 차와 건물이 늘수록 강물은 자꾸 더러워지기만 했습니다. 결국 붕어도 마음 놓고 못 살 만큼 강이 더러워지고 말았어요. 어디 그뿐인가요? 요즘은 맛있다고 잡고, 약으로 쓰겠다고도 잡아대서 그 많던 붕어를 좀처럼 볼 수 없습니다.

우리 토종 붕어가 없어지니까, 사람들은 중국 붕어나 '떡붕어'라 하는 일본 붕어를 들여왔습니다. 이제 우리나라의 강이나 저수지에 우리 붕어보다 중국 붕어나 떡붕어가 훨씬 많아졌어요. 한강과 팔당호에 사는 물고기를 조사하다 보니 그 사실은 더욱 분명해졌습니다. 우리 붕어가 한 마리 나올 때 중국 붕어가 다섯 마리, 떡붕어가 네 마리씩 나왔거든요. 앞으로 우리 붕어는 더욱 보기 어려워질 것입니다. 강이든, 저수지든, 호수든 마찬가지예요. 중국, 일본에서 온 붕어와 우리 붕어 사이에서 태어난 잡종이 갈수록 많아질 테니까요.

그런가 하면 잉어는 우리나라에 사는 토종 민물고기 가운데 가장 큰 고기입니다. 50cm가 넘는 것은 흔하고, 1m 넘게 자란 것도 가끔 있어요. 먹는 것과 사는 곳이 붕어와 비슷해서 강 하류나 저수지에 많이 살지만, 잉어도 갈수록 줄어들고 있습니다. 그 까닭도 붕어와 마찬가지로 사람들이 마구 잡아서이지요.

잉어는 붕어보다 훨씬 커서 우리 선조들이 신비로운 물고기로 여겨 왔습니다. 그렇게 사람들과 가까이 지내다 보니 여러 종류로 품종이 개량되기도 했어요. 그 가운데 가장 많이 알려진 것이, 관상어로 유명

잉어

한 '비단잉어'일 것입니다. 고궁의 연못에서 많이 보았을 거예요. 빨간색, 흰색, 검은색, 노란색이 어우러진 비단잉어가 느릿느릿 헤엄쳐 다니는 모습이 참 곱지요.

이처럼 붕어와 잉어는 예로부터 우리 겨레와 가깝게 살아왔고 아무거나 가리지 않고 잘 먹는 친구들입니다. 그런 데다가 사람이 많이 모여 사는 도시의 오염된 강에서도 질기게 견디며 살아왔어요. 하지만 그런

붕어와 잉어도 견디는 데 한계가 있습니다.

　해마다 봄이 되면 한두 번씩 안타까운 소식이 들려옵니다. 서울을 가로질러 흐르는 중랑천에서 붕어와 잉어가 떼죽음을 당했다고요. 이런 소식을 들을 때, 여러분은 어떤 생각이 들던가요?

3 우리 학자들이 발견한 민물고기

우리나라에는 약 200여 종이 넘는 민물고기가 살고 있습니다. 그런데 그 많은 물고기의 이름과 학명은 누가 지어 주었을까요? 아쉬운 일이지만, 우리나라에 사는 민물고기 대부분은 외국인 학자들이 학명을 붙였습니다. 물고기 이름을 전 세계 사람들이 알 수 있도록 만든 것을 '학명'이라고 해요.

처음으로 우리 민물고기 이름이 학명으로 알려진 것은 1892년입니다. 일본, 중국을 오가며 조사하던 유럽과 미국의 어류학자들이 한두 종씩 찾아내 세계에 알리기 시작했거든요. 그리고 우리나라가 일본의 식민지가 된 뒤에는 일본 학자들이 우리 민물고기를 채집해서 학명을 붙여 신종으로 발표했습니다. 이때 정문기 박사님 같은 분은 일본 학자들과 함께 다니며 조사하기도 했어요.

옛날 서유구 선비가 지은 《난호어목지》나 《전어지》를 보면 우리 민물고기의 예쁜 고향 말 이름이 많이 나옵니다. 버들치나 피라미 같은 이름도 그 안에 다 들어 있어요. 하지만 그런 이름은 우리 겨레만 쓰는 이름이고 세계에서는 학명을 정식 이름으로 인정한답니다. 다행히 몇몇 이름은 우리나라 표준말로 쓰이기도 하지만, 예부터 전해져 온 예쁜 이름들이 그냥 우리만의 고향 말로만 남아 있는 거예요. 우리 땅에 사는 물고기라면 당연히 우리가 연구해서 우리 이름으로 세계에 알려야 하는데, 좀 더 일찍 서구 학문을 받아들여 연구하지 못하고 외국 사람들에게 그 몫을 빼앗긴 것이 아쉽습니다.

더군다나 같은 우리 민물고기라도 남쪽 지방 이름과 북쪽 지방 이름이 저마다 다른 것이 많답니다. 붕어나 잉어처럼 같은 것도 있지만, 거의 대부분은 다른 이름이에요. 하루라도 빨리 우리 겨레끼리 쓰는 이름부터라도 통일해야 하겠지요? 그 일은 미래를 이끌어 갈 여러분들 몫이랍니다.

우리 학자들이 우리 민물고기를 연구해서 신종으로 발표한 것은 1975년이 처음이었습니다. 해방된 지 무려 40년이 지나서야 감격스러운 순간이 찾아온 것이지요. 전북대학교에서 민물고기를 연구하셨던 김익수 교수님이 처음으로 '참종개'를 채집해 연구하고, 마침내 세계에 신종으로 발표했습니다. 그 일이 있은 뒤 오랜 세월이 흐르는 동안, 우리 학자들은 20종이 넘는 신종을 발표했습니다. 이 글을 쓰는 저도 '부안종개'와 '좀수수치'라는 민물고기 두 종을 신종으로 발표했어요.

아직도 우리나라에는 이름조차 없는 물고기가 많이 있어요. 언젠가는 사람들이 자기를 알아줄 날을 기다리며 살고 있는 친구들이지요. 그들이 누구인지, 어디에서 어떻게 사는지 알아야 하지 않을까요?

자랑스러운 그 이름, 참종개

'최초'라는 말이 앞에 붙으면 참 영광스럽고 자랑스럽지요. 더욱이 그게 과학 분야에서 이루어진 발견이라면 말할 것도 없지요. 참종개는 우리나라에 사는 민물고기 가운데 최초로 우리나라 학자가 발견해서 학명을 붙이고 전 세계에 알린 것입니다.

전북대학교 김익수 교수님은 외국에 나가지 않고 국내에서만 연구해서 빛나는 업적을 많이 이루셨습니다. 참종개 말고도 10종이 넘는 우리 민물고기를 발견해서 우리나라에서 우뚝한 어류학자가 되신 분이에요.

참종개는 모양이 미꾸리와 비슷해서 미꾸리과에 속합니다. 하지만 사는 곳은 아주 달라요. 미꾸리는 농수로나 물풀이 많은 연못에 살지만, 참종개를 비롯해 기름종개 무리는 깨끗한 강의 중상류에서만 살거든요. 또한 기름종개 무리는 미꾸리나 미꾸라지하고는 다르게 등과 옆면에 갈색 반문이 나 있습니다. '반문'이란 알록달록 아롱진 무늬를 말해요. 무리마다 무늬가 다르기 때문에 종을 나누는 기준이 됩니다.

참종개가 신종으로 발견되기 전까지만 해도 우리나라에 사는 기름종개 무리는 모두 '기름종개'라는 한 종으로 분류했습니다. 등과 옆면에 있는 반문이 조금씩 달라도 상관하지 않고요. 그런데 이 기름종개 무늬에 마음을 두고 연구하는 학자가 있었습니다. 바로 김익수 교수님이지요.

김익수 교수님은 기름종개도 종류에 따라 무늬가 서로 다르다는 사실을 발견하고는 끈기 있게 관찰했습니다. 세계가 알아주는 어류학자로서 루마니아 국립자연사박물관에서 일하는 '날반트' 박사하고도 의견을 나누며 신종이 나올 것이라는 믿음을 버리지 않았어요. 마침내 1975년, 김익수 교수님은 참종개를 발견하고 온 세계에 그 사실을 알렸습니다. '익수김이아 코렌시스 김', 바로 참종개라는 우리 민물고기의 학명이지요.

참종개는 종개 중에서도 '진짜 종개'라는 뜻으로, 우리 이름이 붙었습니다. 깨끗한 물이 흐르는 강의 중상류, 모래와 왕자갈이 많고 물이 얕게 흐르는 곳에 살고 있어요. 보통 때는 모래나 자갈 위에 나와서 먹이를 먹기도 하지만, 무언가에 놀라면 모래나 자갈 속으로 곧장 숨어듭니다. 주로 바닥에서 지내기 때문에 빨리 헤엄치지는 못해요. 하지만 모래 속이나 자갈 속으로 재빨리 파고들기 때문에 큰 물고기한테 쉽게 잡아먹히지 않는답니다.

강이나 어항에서 참종개를 관찰해 보면 쉬지 않고 뭔가를 먹고 있습니다. 참종개는 모래나 자갈에 붙어 있는 돌말이나 유기물을 즐겨 먹어요. 또 물속 곤충 애벌레나 실지렁이, 장구벌레도 잘 먹는 잡식성입니다. 하지만 입이 작아서 아주 조그만 것만 먹어요. 봄이나 여름에는 돌말이나 물속 곤충의 애벌레를 많이 먹고, 가을에는 깔따구 애벌레를 잘 먹습니다. 그럼 겨울에는 어떻게 살고, 또 어떤 먹이를 먹을까요?

겨울에 참종개는 모래나 자갈 속에 꼭꼭 숨어서 지냅니다. 미꾸리가

참종개

논바닥을 파고 들어가 겨울을 지내는 것하고 비슷하지요. 그러니 겨울에는 먹이를 거의 먹지 않고 지낸다고 보면 됩니다. 겨울잠을 자는 것처럼 몸을 거의 움직이지 않고 봄이 오기를 기다리는 거예요.

전 세계에서 우리나라에만 사는 물고기, 참종개. 입수염이 세 쌍 귀엽게 나 있는 친구. 깨끗한 물이 흐르는 강이 있고, 강을 정리하겠다며 강바닥을 마구 파내지만 않는다면 언제까지나 참종개는 우리 곁을 떠나지 않을 것입니다.

미호종개를 다시 볼 수 있을까?

미호천은 금강 중류에 있는 작은 강입니다.

누가 봐도, '모래가 어떻게 저만큼이나 많이 생겼을까?' 하는 생각이 들 만큼 강바닥이 거의 다 모래로 된 곳이지요. 바로 이곳이 우리나라 특산종, '미호종개'가 처음으로 발견된 곳입니다. 전북대학교 김익수 교수님과 서원대학교 손영목 교수님이 발견해서 신종으로 발표하셨어요.

그 과정은 이렇습니다. 어느 날 손영목 교수님이 미호천에 사는 민물고기를 조사해 발표했는데, 그 안에 참종개가 무려 81마리나 들어 있다는 것이었습니다. 그 소식을 들은 김익수 교수님은 왠지 모르게 이런 생각이 드셨답니다.

'미호천 모래 속에는 다른 기름종개속 물고기가 살고 있을지 모른다. 지금까지 아무도 발견하지 못한 신종이······.'

그러고는 손영목 교수님과 자세히 관찰하기 시작했는데, 짐작한 대로 사는 곳과 모양이 아주 다른, 참종개하고도 똑똑히 구별되는 신종이 나타난 것입니다.

민물고기를 연구하는 학자로서 새로운 종을 발견했다는 것은 참으로 자랑스러운 일입니다. 더욱이 두 분 교수님은 같은 학교, 같은 과에서 공부했고 오랫동안 우정을 나누며 살아 오셨어요. 이번에도 두 분은 서로 부족한 점을 메워 주고 일깨워 주면서 큰일을 해냈습니다. 마침내 1984년, 미호천에서 발견한 기름종개 종류인 미호종개를 신종으로 발표하게 되었으니까요.

그리고 두 분은 또 한 가지 아름다운 마음을 보여 주셨습니다. 미호종개를 신종으로 발표하면서 '익수김이아 초이, 김, 손'이라는 학명을 붙이셨거든요. '김'은 김익수 교수님이고, '손'은 손영목 교수님일 텐데, 그럼 '초이'는 누구를 말할까요?

그분이 바로 최기철 박사님입니다. 두 분 교수님의 스승이면서, 우리 나라에 사는 민물고기를 찾아 신발에서 고무 타는 냄새가 나도록 다니

신 분이지요. 2002년 10월 돌아가시기까지 최기철 박사님은 우리나라 민물고기 연구에 그야말로 한평생을 바쳤습니다. 이렇듯 미호종개는 스승님께 감사드리는 마음까지 담는 귀중한 발견이 되었어요.

미호종개가 처음 발견된 뒤, 미호천에 가 본 기억이 생생하게 떠오릅니다. 미호종개가 살던 곳은 듣던 대로 아주 깨끗한 모래로 되어 있었어요. 하지만 미호종개는 쉽사리 제 모습을 보여 주지 않았습니다. 조금 떨어져 잔자갈이 깔린 곳에서는 참종개만 있었고, 미호종개는 보이지 않았지요. 신종을 발표하려면 기준이 되는 '모식표본'을 채집해 두어야 하는데, 그날 미호종개 한 마리를 잡는 데 무려 한 시간이 넘게 걸렸습니다.

나도 모르게 미호천에서 미호종개를 보기가 점점 힘들어질 것 같은 생각이 들었습니다. 게다가 그때 미호천에는 큰 다리 공사가 막 시작되려 하고 있었어요. 그렇게 되면 강바닥이 마구 파일 테고, 미호종개가 사는 데 꼭 필요한 모래도 점점 줄어들 게 틀림없습니다. 그 뒤로도 미호종개는 금강 지류인 갑천에서 가끔 한두 마리가 잡혔을 뿐, 어디에서도 한꺼번에 많은 수가 나온 적은 없었습니다. 1984년에 처음 발견된 뒤, 금강을 915번 조사해 물고기 13만2398마리를 채집했지만, 미호종개가 나온 적은 단 32번, 82마리뿐이었거든요. 신종으로 발표된 뒤 겨우

미호종개

82마리만 발견되었다니 얼마나 희귀한 물고기인가요?

  다행히 환경부에서는 미호종개를 멸종 위기 야생 동식물로 지정해 보호하겠다고 나섰습니다. 하지만 이러다가 멸종되지나 않을까 걱정이에요. 저뿐만이 아니라 우리나라의 어류학자들 마음은 다 마찬가지랍니다. 이렇게 미호종개가 줄어드는 까닭은 미호종개의 생태를 알면 금방 알 수 있어요.

  미호종개는 물 흐름이 1초에 10~40cm(평균 24.3cm) 정도로 느리게 흐르고, 수심이 30~90cm(평균 50cm) 정도 되는 깨끗한 물에서만 살 수 있습니다. 또 위험해지면 곧바로 모래 속으로 파고 들어갈 수 있도록 입자 크기가 크고 거친 모랫바닥에 살고 있어요. 그리고 깨끗한 강모래나 자갈에 붙어 있는 돌말을 먹기 때문에 돌말이 널리 퍼져 있는 곳이어야 미호종개도 마음 놓고 살 수 있습니다.

그런데 문제는 강모래입니다. 강모래가 중요한 건축 자재로 쓰이기 때문에 사람들이 마구 퍼 가는 것이지요. 깨끗한 강모래가 많아야 미호종개가 사는데, 수십 년 동안 그 강모래를 사람들이 퍼 가다 보니 미호종개는 어느덧 쉴 곳도, 숨을 곳도 없이 지내게 된 것입니다. 그런 데다가 금강 중하류는 대전이나 청주 같은 대도시하고 가까워서 오염 물질도 점점 많아졌어요.

그러니 미호종개가 살아남으려면 우리들이 꼭 도와줘야 합니다. 환경부에서 멸종 위기 야생 동식물 어류 1급으로 지정하고, 문화재청에서도 천연기념물로 지정해 보호한다지만, 더욱 열심히 보호해야 해요. 그렇지 않으면 여러분이 어른이 되었을 때에는 살아 있는 미호종개를 볼 수 없을지도 모르니까요. 발견된 지 겨우 20년밖에 안 된 우리의 귀중한 민물고기를요.

한강과 임진강에서만 사는 가는돌고기

가는돌고기는 가느다랗고 몸 가운데 까만 줄무늬가 나 있는 물고기입니다. 가는돌고기를 가만히 보고 있으면 가냘프다는 생각이 들곤 해요. 무리지어 헤엄치는 모습을 보고 있으면 어떤 때는 너무 연약해 보여 안쓰럽기조차 하답니다. 생김새가 비슷한 민물고기로는 '돌고기'와 '감돌고기'가 있어요. 모두 몸 가운데 검은 줄무늬가 있고 몸놀림이 예뻐서 열대어로 착각하는 사람도 가끔 있습니다.

돌고기는 우리나라에 흐르는 모든 강의 중상류에 널리 퍼져 살고 있습니다. 그런가 하면 감돌고기는 금강과 만경강, 보령 웅천천에서만 사는 우리나라 특산종이지요. 하지만 웅천천에 살던 감돌고기는 벌써 멸종되어서 지금은 없습니다. 그만큼 흔히 볼 수 없는 친구여서 환경부에서도 멸종 위기종으로 지정해 보호하고 있어요.

가는돌고기는 오랜 옛날부터 한강과 임진강에서 살아왔지만, 돌고기와 구분되지 못한 채 마치 돌고기인 것처럼 여겨져 왔습니다. 그러다가 상명대학교에 계셨던 전상린 교수님이 끈질기게 노력해 마침내 가는돌고기가 있다는 것을 새로 밝혀 냈어요. 한강 중상류에 몸의 생김새와 입 모양이 아주 다른, 또 하나의 돌고기가 살고 있다고 말이지요.

전상린 교수님은 우리나라의 강줄기를 누비며 민물고기를 채집하고, 어디에 어떤 물고기가 많이 사는지 연구해 온 유명한 어류학자입니다. 어느 날 전상린 교수님은 돌고기를 관찰하다가 새롭고 놀라운 사실을 발견했어요.

'이상하네……. 돌고기라면 대개 몸이 통통하고 입이 말발굽처럼 발달해 있는데…….'

참 알다가도 모를 일이었습니다. 분명히 한강에서 잡은 돌고기가

가는돌고기

맞는데, 이번에 채집해 온 돌고기는 몸이 가느다랗고 입 모양도 지금껏 보던 돌고기와는 사뭇 달랐어요. 순간, 신종이 아닐까 하는 생각이 머리를 스치고 지나갔습니다. 더 많은 개체를 채집해 연구에 연구를 거듭할수록 믿음은 더 굳어졌어요.

이렇게 해서 가늘고 연약해 보이는 가는돌고기가 세상에 알려지게 되었습니다. 그리고 1980년, 전상린 교수님은 스승이신 최기철 박사님과 함께 신종이 발견되었다고 널리 알렸어요. 돌고기나 감돌고기와는 분명히 다른, 우리나라의 한강 수계(강의 본류와 그에 딸린 모든 지류)에서만 살고 있는 특산종이라고 말입니다.

여러분 가운데 누가 가는돌고기를 잡았다면 곧바로 놓아주어야 합니다. 가는돌고기는 처음 발견될 때부터 수가 적어서 보호해야만 했는데, 2005년이 되어서야 야생동식물보호법으로 '멸종 위기 야생동식물 2등급'에 지정되었거든요. 하지만 법으로 정했다고 해서 다 보호되는 건 아니니 걱정스럽기만 합니다.

가는돌고기가 사는 곳은 임진강과 한강의 중상류입니다. 수심이 50~150cm쯤 되는, 바닥에 자갈과 왕자갈이 깔려 있고 물 흐름이 빠른 여울에만 살고 있어요. 그러므로 이런 환경이 아니면 가는돌고기도 발견되지 않는답니다. 어린 새끼일 때는 물이 잔잔하게 흐르는 가장자리에서 돌고기, 갈겨니, 쉬리, 어름치 새끼들과 어울려 놀지만, 점점 자라면 빠른 여울 쪽으로 옮겨 가서 살아요. 가는돌고기가 사는 여울에는 쉬리, 돌고기, 갈겨니, 꺽지, 퉁가리, 어름치 같은 민물고기가 살고 있습니다. 깨끗한 물에서만 살 수 있는 물고기들과 어울려 사는 것이지요.

그러나 아직 우리는 가는돌고기에 대해 모르는 것이 너무 많습니다. 우리나라의 귀한 민물고기인 데다가 갈수록 수가 줄고 있어서 연구하

돌고기

기가 어려워서지요. 그래서 아직도 이 친구들이 가장 즐겨 먹는 먹이가 무엇인지, 언제 어디에다 알을 낳는지 잘 모르고 있어요. 그런데 전에 가는돌고기가 살았다던 북한강 쪽 가평이나 남한강 안흥에서는 더 이상 가는돌고기를 볼 수 없습니다. 하지만 전에는 보이지 않던 임진강이나 한강 중에서도 깨끗한 물이 흐르는 곳에서는 아직 살고 있기도 해요.

그리고 아주 재미있는 사실이 하나 있습니다. 그것은 바로 가는돌고기가 사는 곳에는 어김없이 '꺽지'가 살고 있다는 거예요. 이것은 돌고기 종류가 알을 낳는 것과 관계가 있는 것 같습니다. 돌고기나 감돌고기는 꺽지의 산란장에다 알을 낳고는 알이 깰 때까지 꺽지가 자기들 대신 알을 보호하게 하는 습성이 있는데, 가는돌고기도 마찬가지가 아닐까 싶어요. 이런 행동을 어려운 말로 '탁란'이라고 한답니다. 자기 알을 자기가 보호하는 것이 아니라 남에게 맡긴다는 뜻이에요. 이것은 뒤에 감돌고기 이야기가 나오면 더 자세하게 들려줄게요.

이 세상에서 오직 우리나라의 임진강과 한강에서만 사는 가는돌고기, 이 예쁜 친구를 우리는 언제까지 볼 수 있을까요?

아프게 톡 쏘는 친구, 퉁사리

강에 나가면 많은 민물고기를 볼 수 있지만, 퉁사리는 만나기가 몹시 어려운 민물고기 가운데 하나입니다. 평생 단 한 번도 못 만날 사람이 많지요. 그래서 환경부에서도 '멸종 위기 야생 동식물 1급'으로 지정해 보호하고 있습니다.

퉁사리는 크기가 10cm 정도까지 자라고, 다른 물고기들과는 달리 몸에 비늘이 없습니다. 몸 색은 짙은 황갈색이지만 배 쪽은 누른색이, 등 쪽은 갈색이 더욱 진해요. 입 둘레에는 수염이 네 쌍 있는데, 그 가운데 두 쌍이 길게 나와서 앞에서 보면 마치 메기처럼 보입니다. 밤에 잘 돌아다니는 데다가 눈도 작아서 수염을 이용해 먹이를 잡기도 하지요. 그만큼 퉁사리에게 수염은 아주 중요한 감각 기관입니다.

퉁사리는 물속 곤충들의 애벌레를 많이 먹는데, 깔따구 애벌레나 작은 물고기도 먹습니다. 낮에는 돌 밑에서 숨어 지내는데, 알을 낳을 때도 돌 밑에 산란장을 만들어 낳아요. 알 모양은 개구리 알하고 비슷해서 젤리 덩어리처럼 생겼습니다. 알은 5월에 가장 많이 낳아요.

암컷 퉁사리는 알이 깨어날 때까지 옆에 꼭 붙어서 알을 지킵니다. 모성애가 아주 깊어서 알이 깰 때까지 먹지도 않고 알을 지킨대요. 그

퉁사리

러다 보니 새끼가 깨어날 때쯤이면 어미의 건강 상태는 말이 아닙니다. 너무 쇠약해져서 거의 움직이지도 못하지요. 자기 새끼를 제 힘으로 지키려는 아름다운 본능이겠지요?

 퉁사리하고 비슷한 민물고기로 '퉁가리'와 '자가사리'가 있습니다. 생긴 모양과 사는 모습이 비슷해서, 퉁가리의 '퉁'과 자가사리의 '사리'를 붙여 '퉁사리'라는 우리 말 이름을 지은 거예요. 3종 모두 우리나라에만 사는 고유종입니다만, 그렇다고 해서 사는 곳까지 같은 것은 아닙니다. 퉁가리는 임진강과 한강에서 살고, 자가사리는 금강, 섬진강, 낙동강, 탐진강처럼 남해로 흐르는 강에서 살거든요.

그러던 어느 날, 밑도 끝도 없이 저 남쪽 금강에도 퉁가리가 산다고 주장하는 사람이 나타났습니다. 퉁가리하고 똑같이 생긴 물고기를 금강에서 보았다면서요. 한강 위쪽에만 사는 퉁가리가 금강으로 내려오기라도 한 걸까요?

그때 이게 어찌 된 일인가 하며 발 벗고 나선 과학자가 있었어요. 바로 서원대학교에 계시던 손영목 교수님이에요. 교수님은 곧장 금강으로 가 퉁가리를 채집해 연구하기 시작했습니다. 생긴 모양은 물론, 먹이나 사는 곳까지 꼼꼼히 관찰했어요. 그 결과 새로운 사실이 하나 둘씩 드러나기 시작했습니다. 몸의 생김새와 입 모양은 퉁가리와 비슷했지만, 시간이 갈수록 다른 종이라는 생각이 들었어요. 이건 금강 아래쪽에 사는 자가사리도 마찬가지였습니다. 퉁사리가 신종으로 알려지기 전까지만 해도 많은 사람들이 자가사리를 퉁가리로 잘못 알고 있었거든요.

먼저 퉁사리는 퉁가리나 자가사리에 비해 몸이 좀 뚱뚱했습니다. 그리고 가슴지느러미에 있는 톱니 가시의 숫자도 퉁가리보다 많았지만 자가사리보다는 적었어요. 그리고 어려운 실험을 거쳐서 염색체 수가 서로 다르다는 것도 밝혀 냈습니다. 퉁가리는 염색체가 28개, 자가사리는 42개였지만 퉁사리는 이들보다 적은 20개뿐이었어요.

마침내 1987년, 손영목 교수님은 퉁사리를 신종으로 발표하면서 한국에 사는 퉁가리과 물고기 3종은 각각 염색체 수가 다르기 때문에 구분해야 한다고 알렸습니다. 전북대학교 김익수 교수님과 중앙대학교 주일영 교수님의 연구가 뒷받침이 되어서 새로운 우리 특산종 민물고기 한 마리가 비로소 세상에 모습을 드러냈어요.

손영목 교수님이 신종으로 발표할 때까지만 해도 퉁사리는 금강과 웅천천에만 사는 것으로 알았습니다. 하지만 바로 다음 해에 영산강 지류에서도 사는 게 밝혀졌어요. 그 뒤에는 만경강에도 살고 있다는 게 알려졌지요. 하지만 우리나라 어디든, 퉁사리는 수가 너무도 적습니다. 언제 우리 곁을 떠날지 아무도 모르는 것이지요.

오직 우리나라에서만 볼 수 있는 물고기, 만지려고 하면 아프게 톡 쏘는 친구, 우리나라에서도 저 남쪽 몇 곳에서만 사는 퉁사리를 우리가 오래오래 만나 볼 수 있을까요?

놀라운 만남, 임실납자루

납자루 무리는 조개에다 알을 낳는 물고기입니다. 알 낳을 때가 된 수컷은 몸 색이 예쁜 혼인색을 띠기 때문에 많은 사람들이 좋아하는 민물고기 가운데 하나지요. 좁은 공간에 많은 수가 모여 사는 데다가 움직임도 느리기 때문에 어렵지 않게 만날 수 있습니다. 하지만 갈수록 물이 더러워져서 빠르게 수가 줄고 있는 친구들이기도 해요.

납자루 무리는 하천이나 저수지, 연못, 농수로에서도 흔한 편이지만 어떤 친구는 사는 곳이 정해져 있어서 만나기가 아주 어렵답니다. 우리나라에는 모두 14종이 사는데, 가엾은 친구 '서호납줄갱이'는 벌써 멸종되어 우리 곁을 떠나갔어요. 지금은 13종이 남아 있고 이 가운데 8종이 우리나라에만 사는 고유종입니다.

어떤 나라, 또는 어떤 장소에 고유종이 많다는 것은 무엇을 뜻할까요? 그것은 다름 아닌 살고 있는 환경이 바뀌었더라도 잘 적응하면서 살아왔다는 증거랍니다. 게다가 민물고기는 바닷물고기보다 쉽게 다른 종으로 변할 수도 있어요. 그게 무슨 말이냐고요? 내내 살아오던 곳의 환경이 바뀌면, 바닷물고기나 육지 생물은 자기가 살기 좋은 곳으로 옮겨 갈 수 있습니다. 하지만 민물고기는 어디 다른 데로 갈 곳이 없어요. 그렇지 않겠어요? 그러니 어떻게든 살던 환경에 적응해서 살아남아야 되고, 또 그러다 보니 새로운 종으로 바뀌기도 하는 것이랍니다.

그래서 민물고기는 한 지역에서만 사는 고유종이 많아졌습니다. 민물고기 가운데서도 잘 옮겨 다니지 않고 강바닥에서만 사는 친구들이 더 그렇지요. 누구보다 납자루 무리는 물의 중층에 살지만, 사는 환경이 어려워져도 웬만하면 옮겨 살지 않기 때문에 고유종이 많기로 유명합니다. 우리나라뿐만 아니라 일본이나 중국에 사는 납자루도 다 마찬가지예요.

　납자루 무리 가운데 임실납자루는 섬진강 중류 일부 지역에서만 볼 수 있는 물고기입니다. 지금까지 단 네 곳에서만 사는 것이 확인되었는데, 그 가운데서도 전북 임실군 관촌면 방수리 일대에서만 많이 살고 있어요. 전북 순창군 덕치면 가곡리 일대, 전남 화순군 동북면 한천과

임실납자루

전남 죽곡면 연화리 보성강 본류 지역에는 아주 적은 수만 발견되었습니다. 어느 날 갑자기 멸종되지나 않을까 겁이 날 만큼 말이지요.

이렇게 임실납자루는 사는 곳도 얼마 되지 않고, 숫자도 많지 않은 물고기입니다. 그런 데다가 1991년이 되어서야 비로소 우리 이름을 얻게 되었어요. 임실납자루가 제 이름을 얻게 된 과정을 되돌아보면 한 편의 드라마 같습니다.

납자루를 비롯해 우리 땅에 사는 민물고기는 일본에 사는 민물고기와 비슷한 것이 많습니다. 그러다 보니 오랫동안 같은 종인 줄 잘못 안 경우도 적지 않았어요. 더구나 해방되기 전까지는 주로 일본 학자들이 우리 물고기를 연구했기 때문에 일본에 사는 물고기랑 같은 종이라고 여긴 것들도 꽤 많았습니다.

국립수산과학원 내수면생태연구소에서 일하는 김치홍 박사님은 그 무렵 지도 교수인 김익수 교수님과 함께 납자루 무리 연구로 박사 학위 논문을 준비하고 있었습니다. 그러던 중 우리나라 남부 지역에 사는 칼납자루와 일본의 칼납자루가 다르다는 사실을 조금씩 알아차리기 시작했어요. 그때까지만 해도 일본과 우리나라에 똑같은 칼납자루가 산다는 것을 당연한 듯 여기고 있었거든요.

하지만 알고 보니 두 종은 알 생김새부터 달랐습니다. 알을 서로 교배시켰을 때 새끼를 못 만든다는 사실도 새로 밝혀졌어요. 그제야 생김새도 차이가 있다는 것이 드러났습니다. 마침내 1990년, 우리 이름을 '칼납자루'라 하고, 학명으로는 한국에 사는 종이란 뜻으로 '아케이로그나투스 코리엔시스(*Acheilognatus koreensis*)'로 붙였습니다. 무려 50년 동안이나 다른 이름으로 살던 칼납자루가 우리나라 고유종으로서 자기 이름을 가지게 된 순간이었지요.

그리고 얼마 뒤였습니다. 전북 임실군 관촌과 신평에서 채집한 칼납자루를 연구하다가 이상한 점을 발견했습니다. 알 생김새는 일본에 사는 칼납자루와 비슷한데, 조개에다 알을 낳을 때 나오는 산란관이 훨씬 길어서 그 길이가 꼬리지느러미를 넘어가는 것이었어요. 바로 임실납자루가 세상에 제 모습을 드러낸 순간입니다. 지금 생각해 봐도 놀라지 않을 수 없어요. 어떻게 그런 작은 차이만으로 신종을 발견할 수 있었을까요? 아마 오랜 시간 물고기를 관찰하고 연구하지 않고서는 발견할 수 없는 일이겠지요.

나중에 조사해 보니 칼납자루와 임실납자루는 같은 강에 살고 있었습니다. 하지만 알은 서로 다른 조개에다 낳고 있었어요. 사는 장소도 칼납자루는 물이 흐르는 여울에 많이 살았고, 임실납자루는 물 흐름이 없고 물풀이 많은 웅덩이에 살고 있었습니다. 그런가 하면 수컷이 띠는 혼인색도 달랐지요.

 그러나 두 종은 알 낳을 때가 아니면 거의 구분하기 힘들답니다. 이런 경우를 '형제종' 또는 '자매종'이라고 하는데, 겉모양으로는 구분이 어려워도 행동이나 유전 요소가 분명히 다르기 때문에 발견하기가 아주 어렵습니다. 그런 일을 우리 어류학자들이 해냈다는 사실이 자랑스러워집니다.

부안 댐에 수몰된 부안종개의 운명은?

 지금까지 알아본 것처럼, 자연과학자로서 새로운 발견을 했다는 것은 참으로 자랑스러운 일입니다. 열심히 연구하고 노력해야만 얻을 수 있는 영광이겠지만, 어느 정도 행운도 따라 주어야겠지요.

 이 글을 쓰는 저도 어릴 때부터 물고기에 관심이 많았답니다. 누가 장래 희망이 뭐냐고 물으면 정말 물고기를 공부하는 사람이 되겠다고 말하곤 했으니까요. 그러다 보니 대학에서도 생물학을 공부했고, 김익수 교수님 연구실에서 어류학자의 꿈을 키웠습니다. 1982년 대학원에 들어가서부터 민물고기 연구를 시작했지요. 하지만 어떤 물고기를 어떻게 연구해야 할지 알 수가 없어서 방황했던 날들도 적지 않았답니다.

그때 김익수 교수님은 참종개를 신종으로 발표하고, 참종개의 생태와 다른 기름종개 연구에 힘을 쏟고 있었습니다. 그때만 해도 참종개는 서해 중부 지방에 있는 동진강 북쪽에만 사는 것으로 알려져 있었어요. 그보다 남쪽에 있는 영산강에는 왕종개가 살고 있었는데, 그때 저는 이런 생각을 해 보았습니다.

'그럼 영산강과 동진강 사이에 있는 강에는 어떤 물고기가 살까?'

사실 너무 궁금했습니다. 제가 살던 전라북도 부안 근처에는 '백천'

부안종개

이라고 하는 하천이 있는데, 꽤 많은 기름종개 무리가 살고 있거든요. 그런데 그게 참종개인지, 왕종개인지 자꾸 헷갈려서 답답하기만 했습니다. 그러면서 가끔 참종개도, 왕종개도 아닐 것이라는 생각이 들기도 했어요. 이윽고 저는 김익수 교수님의 도움을 받아 연구를 시작했습니다. 그리고 얼마 뒤 새로운 사실을 알게 되었어요. 그 친구들은 참종개랑 비슷하긴 하지만, 분명 참종개는 아니고 왕종개도 아니라는 것을요.

먼저 백천에서 채집한 것은 반문 모양이 참종개하고 달랐습니다. 아주 비슷하긴 했지만, 옆면과 등에 난 반문 수가 참종개보다 2~5개 적었고, 무엇보다 옆면 위에 있는 구름무늬가 없어서 참종개와 분명히 구분할 수 있었어요. 그런 데다가 참종개와 달리 아주 작았습니다. 보통 물고기 크기를 잴 때는 알을 낳을 수 있는 어미를 잽니다. 그런데 제가 채집한 물고기들은 모두 5cm 정도밖에 되지 않았습니다. 참종개는 보통 10cm까지 자라야 어미가 되거든요.

바로 그때, 놀랄 만한 사실을 발견했습니다. 아직 덜 자란 참종개 새끼인 줄 알았던 녀석들이 알을 배고 있었어요. 그런 데다가 알도 참종개랑 달랐습니다. 크기는 참종개 알보다 컸지만, 수는 적었어요. 가슴이 쿵쿵 뛰었습니다. 신종이 바로 눈앞에 보이는 듯했지요. 나중에 알게 되었지만, 참종개와 그 친구들은 서로 교배해도 새끼가 잘 생기지 않는답니다.

저는 이 연구를 1982년에 시작해 그 이듬해까지 한 뒤, 1984년에 석사 학위 논문을 썼습니다. 시간이 흐를수록 신종이란 것이 확실해졌어요. 그러나 신종으로 발표하기에는 시간이 좀 더 필요했습니다. 참종개와 비슷한 점이 아직 많았고, 더 깊이 연구해 밝혀야 할 것들이 남아 있었기 때문이에요.

그로부터 3년 뒤인 1987년, 저는 스승인 김익수 교수님과 함께 신종을 발표했습니다. 학명은 참종개와 비슷하지만 크기가 작다는 뜻으로 '코비티스 코리엔시스 프밀러스 김 앤드 리'로 하고, 우리 이름은 부안에 사는 종개라는 뜻으로 '부안종개'로 했답니다. 무늬가 호랑이 무늬인 데다가 '호랑미꾸라지'라는 예쁜 고향 말 이름도 있어서 '호랑종개'라고 짓고 싶었지만, 부안에 사는 종개라는 의미가 더 큰 듯해서 부안종개로 정했어요. 결코 잊을 수 없는, 제 인생의 감격스러운 순간이었습니다.

하지만 우리나라에 사는 민물고기의 삶이 그렇듯, 부안종개에게도 시련이 닥쳤습니다. 그때만 해도 백천에서는 족대로 한 번만 채집해도 부안종개가 열 마리 넘게 걸려 올라왔어요. 그런 백천에 곧 댐이 만들어졌습니다. 깨끗한 물이 얕게 흐르고, 모래와 자갈이 곱게 깔린 그곳에 거대한 댐이 들어선 것이지요. 부안종개로 치자면 오래도록 살아온 자기 집이 수몰된 셈이랍니다.

부안종개는 백천 말고는 어디에서도 보았다는 사람이 없어요. 그러나 다행스럽게도 부안종개는 아직 백천에 살고 있습니다. 댐이 생긴 뒤 몇몇 무리가 상류로 거슬러 올라가 살아남았거든요. 하지만 부안종개의 앞날도 그리 안전하지 못합니다. 만약 백천에서 부안종개가 사라지면 지구에서 영영 부안종개가 사라지는 것이나 다름없으니 걱정하지 않을 수 없습니다.

4 우리나라에서만 살고 있어요

우리나라는 국토가 작은 편이지만 민물고기는 많이 사는 편입니다. 그 가운데서도 고유종이 많기로 유명하지요. 고유종이란 '특산종'이라고도 하는데, 어떤 특정한 지역에만 살고 있는 동식물을 이르는 말이랍니다. 그러니 우리나라 고유종 민물고기라고 하면 전 세계에서 오직 우리나라의 민물에서만 사는 물고기라는 뜻이지요.

그렇다면 우리나라에 유난히 고유종 민물고기가 많은 까닭이 뭘까요? 앞에서도 잠깐 이야기했지만, 그건 사계절이 뚜렷하고 계절에 따라 물의 양이 차이가 많이 나기 때문입니다. 여러분도 잘 알다시피 겨울에 추우면 눈이 내리고 강물은 얼어 버립니다. 그리고 여름에 장마가 지면 한꺼번에 비가 쏟아져서 홍수가 나기도 해요. 이러다 보니 물고기들은 편히 살기 어렵습니다. 자주 뒤바뀌는 환경에 잘 적응해야만 살 수 있으니까요. 이처럼 살기 어려운 환경이 다양한 고유종을 생기게 한 것이랍니다.

우리나라에는 민물고기가 약 212종쯤 산다고 합니다. 그 가운데 강 하구나 바다까지 내려가지 않는 민물고기가 약 100~120종쯤 됩니다. 그 가운데 고유종이 무려 56종이나 된다니 우리나라에 사는 순수한 민물고기의 절반이 고유종인 셈입니다. 자, 그럼 우리나라를 대표할 만한 고유종 민물고기를 만나러 떠나 볼까요?

산란탑을 만드는 천연기념물, 어름치

어떤 생물이 천연기념물로 지정되었다는 것은 '나라의 보물'이라고 널리 알리는 것과 같습니다. 귀한 생물이므로 함부로 다루거나 잡지 못하도록 나라에서 보호하고 관리한다는 뜻이니까요.

우리나라 민물고기 가운데도 천연기념물이 있습니다. 황쏘가리, 어름치, 열목어, 무태장어가 있는데, '꼬치동자개'와 '미호종개'가 2005년에 새로 천연기념물로 지정되었어요. 그동안 우리 고유종이면서 천연기념물로 지정된 종은 어름치 단 한 종뿐이었는데, 마침내 꼬치동자개와 미호종개도 천연기념물로 보호받게 된 것이지요. 이처럼 나라의 보물로 지정되는 민물고기도 점점 우리 고유종으로 바뀌고 있습니다.

무엇보다 어름치는 우리 고유종 민물고기 가운데서도 모양이 크고 예뻐서 한 번 본 사람이라면 누구나 좋아하게 됩니다. 하지만 너무 귀하기 때문에 어름치가 어디에 살고 있는지 아무한테도 알려 주고 싶지 않기도 해요. 그만큼 어름치는 보면 볼수록 늠름하고 의젓한 물고기입니다. 하지만 어름치도 사는 곳과 숫자가 갈수록 줄어들고 있어요. 천연기념물로 지정해 보호하고 있지만, 줄어드는 것을 막기가 어려우니 얼마나 안타까운지요.

어름치는 잉어과에 속하는 물고기로 우리나라의 금강과 한강

산란탑

어름치

중에서도 깨끗한 물이 흐르는 중상류에만 살고 있습니다. 그래서 수질이 얼마나 좋은지, 강이 얼마나 깨끗하고 건강한지 알려 주는 환경 지표종이기도 해요. 다른 물고기도 마찬가지지만, 물이 흐려지고 물속 환경이 나빠지면 어름치는 살 수가 없습니다.

바로 그런 일이 금강에서 벌어지고 말았습니다. 금강에 살던 어름치는 하도 수가 적고 귀해서 1973년에 천연기념물 238호로 지정되었어요. 그런데 천연기념물로 지정된 뒤에도 계속 줄기만 하더니 10년도 채 되지 않아 아예 사라져 버리고 말았습니다. 뒤늦게 정부에서는 어름치라는 종 자체를 천연기념물 259호로 다시 지정해 보호하겠다고 나섰어요. 그때까지만 해도 한강이나 임진강에는 어름치가 꽤 많이 살고 있었거든요.

다행히 사람의 발길이 뜸한 한강, 임진강 줄기에는 지금도 어름치가 살고 있습니다. 그렇지만 하루가 다르게 사는 곳과 숫자가 줄어들고 있어서 걱정이에요. 나름대로 애는 쓰고 있지만, 그저 금강에 살던 어름치처럼 되지 않기를 바랄 뿐이지요.

어름치는 우리나라 민물고기 가운데에서 크게 자라는 편입니다. 몸 길이가 40~50cm까지 자란 걸 저도 여러 번 보았어요. 몸에 무늬가 있다고 해서 옛 어른들은 한자말로 반어(班魚, 얼룩무늬 고기)라고도 했습니다. 그런데 어름치는 이름이 생겨난 까닭이 참 재미있습니다. 얼음이 꽁꽁 얼 만큼 차가운 물에서도 잘 살아서 어름치라고 했다는 말도 있고, 물 위에서 보면 몸에 난 무늬가 어른거린다 해서 어름치라는 이름이 생겼다고도 하거든요. 모두 그럴듯하지 않아요? 어름치는 등과 꼬리지느러미에 까만 줄무늬가 나 있습니다. 그 얼룩얼룩한 무늬는 물속에서 보면 더욱 예쁘게 보여요. 꼬리를 흔들며 움직이는 모양을 보고 있으면 마치 옛 선비 같은 여유와 기품이 보입니다.

어름치는 물속 곤충들의 애벌레나 다슬기 따위를 먹으며 살아갑니다. 그런데 다슬기를 먹는 민물고기가 우리나라에 있다는 것은 지금까지 아무도 몰랐답니다. 그런데 멸종해 가는 어름치를 되살리려고 조사하다가, 모든 어름치가 12월부터 알을 낳기 시작하는 이듬해 4, 5월까지 다슬기를 많이 먹는다는 것을 알게 된 거예요.

어름치가 추운 12월부터 다슬기를 먹는 까닭은 다른 민물고기들보다 일찍 알을 낳기 때문이었습니다. 긴 시간 먹이를 구할 수 없으니 영양 많은 먹이를 많이 먹고 몸에 에너지를 저장해 둬야 했겠지요. 결국 어름치는 알 낳을 때 필요한 영양분을 다슬기한테서 얻고 있었다는 이야기가 됩니다. 다슬기도 깨끗한 물이 아니면 살 수 없습니다. 그러고 보면 우리 하천에서 다슬기가 점점 줄어드는 것과 어름치가 사라져 가는 것도 다 같은 까닭이지요?

그런가 하면 어름치는 알 낳는 모습이 특별하기로 이름난 물고기입니다. 바로 '산란탑'이라고 하는 돌탑을 쌓아서 알을 낳고 새끼를 보호해요. 알을 낳을 때 이런 행동을 보이는 물고기는 오직 우리나라에 사는 어름치뿐입니다. 그런데 이 산란탑에 대해 잘못 알려진 사실이 하나 있어요. 어떤 분들 이야기를 들어 보니, 그 해 비가 많이 내릴 것 같으면 어름치가 산란탑을 강가에다 쌓고, 비가 적게 내릴 것 같으면 강 한가운데 쌓기 때문에 어름치가 쌓은 산란탑만 봐도 비가 많이 올지 적게 올지 알 수 있다고 해요.

하지만 조사해 보니 그렇지 않았습니다. 왜냐하면 어름치가 산란탑을 쌓는 곳의 물 흐름과 깊이는 어디든 한결같았기 때문이에요. 그러니까 어름치가 비가 많이 올 것을 미리 내다보고 강가에다 산란탑을 쌓은 게 아니라, 비가 많이 와서 물이 많아졌기 때문에 강가에다 탑을 만들었다는 이야기입니다. 말하자면 사람들이 원인과 결과를 거꾸로 생각해서 생긴 일인데, 무슨 일이든 끈기 있게 관찰하다 보면 정확한 사실을 밝힐 수 있지요.

저는 2000년부터 아주 어렵지만 보람 있는 일을 하고 있습니다. 어름치를 인공 부화시켜서 금강으로 돌려보내는 일이에요. 그건 이미 멸종해 버린 종을 되살려 내는 일이랍니다. 천연기념물로 지정된 동물로는 우리나라에서 처음으로 이루어지는 일이기도 해요. 다행스럽게도 2002년에 1마리, 2004년에는 4마리로 늘더니 점점 더 많은 수가 처음 놓아 준 곳 근처에서 발견되었습니다. 앞으로 더 지켜보아야겠지만, 천연기념물 238호인 금강 어름치를 되살려 내는 일이 어느 정도는 성공하고 있다는 증거겠지요?

우리나라의 보물이라고 해도 될 만큼 귀한 물고기, 어름치. 옛날처럼 금강에 수많은 어름치가 헤엄치며 살고 있다면 얼마나 좋을까요? 그런 날이 꼭 오리라 믿습니다.

순박한 시골 각시 같은 각시붕어

우리나라에 사는 민물고기 가운데 가장 예쁜 무늬를 가진 물고기를 꼽으라면 저는 선뜻 '각시붕어'라고 할 것 같습니다. 피라미나 갈겨니의 혼인색도 예쁘긴 하지만, 아기자기하고 은은하게 혼인색을 띤 각시붕어에는 미치지 못할 것 같아요.

가만히 들여다보고 있으면 열대어처럼 세련되고 화려하기보다는 이름처럼 착하고 순박한 시골 각시 같다는 생각이 듭니다. 김익수 교수님이나 돌아가신 최기철 박사님도 각시붕어야말로 전 세계에 자랑스레 내놓을 만한 우리의 관상어라고 자주 말씀하셨어요. 그렇게 예쁘니 각시붕어를 기르는 사람들도 많습니다. 생김새나 몸 색이 예쁜 데다가 어항에서도 잘 살 만큼 생명력도 강하거든요.

혼인색을 띤 수컷 각시붕어를 보면 주홍색, 검은색, 짙은 파란색이 오묘한 조화를 이루고 있습니다. 암컷은 수컷보다 좀 작으면서 뒷지느러미와 꼬리지느러미 가운데에서만 노르스름한 색이 보여요. 또 몸 가운데에서 꼬리 근처에는 어두운 청색을 띤 줄이 나 있습니다. 알을 낳을 때가 된 각시붕어 암컷이 길쭉한 산란관을 조개의 출수관에 밀어 넣는 모습을 보고 있으면 정말 어디 한 군데 예쁘지 않은 데가 없어요.

이렇게 각시붕어는 누가 봐도 눈을 떼지 못할 만큼 예쁜 우리 민물고기입니다. 다 자라도 5cm 정도밖에 안 되는 작은 물고기예요. 서해나 남해로 흐르는 강 중류나 저수지에서 흔히 볼 수 있는 친구이기도 합니다. 그러니 오랜 세월 동안 우리 겨레와 함께 살아왔겠지요. 그러나 각시붕어가 학명을 얻은 것은 1935년이 된 뒤였습니다. 아쉬운 일이지만, 해방 전 우리나라에서 민물고기를 연구하던 일본인 학자인 모리 다메죠 박사가 처음 채집해서 신종으로 발표했어요. 그때 각시붕어는 유난히 아름다운 혼인색 때문에 '각시붕어'라는 우리 이름을 얻었습니다.

각시붕어

각시붕어 이야기를 하다 보니 몇 년 전 일이 생각납니다. 환경부에서 급한 회의가 있다기에 참석했는데, 이야기를 들으니 참 어처구니가 없었어요. 각시붕어가 관상어로 눈길을 끌고 있다는 것까지는 좋았는데, 유난히 인기가 있다는 일본으로 몰래 마구 팔려 나가고 있다는 것이었습니다. 그런데 더더욱 어이없는 일은 이렇게 몰래 팔려 나가는 것을 막을 법이 아직 없다는 것이었습니다. 우리나라에만 있는 귀중한 생물 자원이 외국으로 빠져 나가는데, 이를 막을 법이 없다니, 생각할수록 답답했지요. 보면 볼수록 예쁘니 일본 사람들도 탐이 났을 것입니다만,

우리가 얼마나 무관심했으면 그런 일이 다 생겼을까요?

고심 끝에 서둘러서라도 법을 만들어야 한다는 쪽으로 의견을 모았습니다. 각시붕어를 포함해 우리 고유종을 외국으로 가지고 나갈 때는 반드시 환경부 장관의 허락을 받도록 말이지요. 처음에는 12종만 지정했다가 50종으로 확대했습니다. 그 안에는 우리 고유종 민물고기 대부분이 다 들어 있어요.

앞에서도 잠깐 나왔지만, 각시붕어는 알을 반드시 조개 몸속에다 낳아야 한답니다. 각시붕어처럼 조개 몸에 알을 낳아 키우는 무리는 우리나라에 14종이 살고 있어요. 납자루 무리 12종이 있고, 중고기 무리 2종이 있습니다. 전 세계에 40여 종이 있는데, 모두 우리나라를 비롯한 중국, 일본에만 살고 있지요. 유럽에는 단 한 종밖에 없기 때문에 아주 특별한 산란 습성을 가진 동북아시아의 대표 물고기로 이름이 높습니다.

각시붕어가 알을 낳는 모습을 보려면 4월에서 6월 사이에 물풀이 많고 물이 잔잔하게 흐르는 강 중류나 저수지, 연못에 가면 됩니다. 조개가 살 수 있을 만큼 바닥이 펄로 된 곳이라면 더할 나위 없을 거예요. 그런 곳에서면 주로 '말조개' 몸에 알을 낳는데, 한 번에 10여 개씩 모두 40개쯤 알을 낳는답니다.

각시붕어의 알은 조개의 몸속에서 조금씩 자라다가 25일에서 30일 만에 부화해 조개 밖으로 나옵니다. 이때는 벌써 많이 자란 뒤여서 빠르게 헤엄칠 수도 있어요. 각시붕어는 1년쯤 지나면 새끼를 낳을 수 있을 만큼 자랍니다. 새끼일 때는 동물성 플랑크톤인 물벼룩을 많이 먹지만, 점점 자라면서 실지렁이는 물론 바닥에 있는 유기물 조각까지 잘 먹어요.

요새 들어 우리 민물고기를 기르는 사람들이 많이 늘었다니 반가운 일입니다. 여러분도 관심을 가지고 한번 길러 보세요. 아마 여러분도 각시붕어의 아름다움에 푹 빠지게 될 거예요. 그리고 생긴 모양이 어떤지, 혼인색이 정말 그렇게 예쁜지 관찰해 보세요. 아마 제가 말한 것보다 훨씬 많은 이야기들이 여러분의 머리와 가슴에 생겨날 것입니다. 자연 속 생명 이야기는 알면 알수록, 또 보면 볼수록 신비롭고 재미난 것이니까요.

멋진 그 이름, 쉬리

쉬리가 널리 알려지게 된 건 아무래도 영화 〈쉬리〉 때문일 것입니다. 영화가 나오기 전까지만 해도 우리 토종 민물고기를 전시한 수족관은 찾아오는 사람이 별로 없었어요. 그런데 영화가 크게 인기를 끈 뒤부터 쉬리를 보려고 사람들이 몰려들었습니다. 정작 영화에서는 쉬리가 한 번도 나오지 않지만 말이에요. 국립수산과학원 내수면생태연구소에는 약 50여 종의 우리 민물고기를 전시해 놓은 수족관이 있는데, 이곳에 정말 많은 사람이 다녀갑니다. 그래서인지 지금도 쉬리는 가장 인기 있는 물고기 가운데 하나예요.

어쨌든 영화 때문에 쉬리는 하루아침에 유명한 물고기가 되었습니다. 초등학교 앞에서 아이들한테 쉬리를 파는 분도 있다고 들었어요. 강에서 잡은 쉬리 두 마리를 암수 한 쌍이라며 비싸게 팔았다는데, 그분은 어떻게 암수를 구별해 냈을까요? 쉬리는 알을 낳을 때가 아니면 학자들도 암수를 구별하기가 무척 어려운데……. 아무튼 쉬리의 인기가 그 정도였다니 반갑기도 하고 씁쓸하기도 합니다.

쉬리는 우리나라에서만 볼 수 있는 특산종입니다. 깨끗한 물이 흐르는 중상류에 살고, 생김새가 아주 늘씬하지요. 그런 데다가 쉬리가 속해 있는 쉬리속(屬)은 우리나라에만 있는 특산 속(屬)입니다. 우리나라에는 민물고기 특산종이 50종 넘게 있지만, 특산 속이 있는 것은 오로지 쉬리밖에 없어요. 그래서 쉬리의 학명도 '코레오루시쿠스 속' 즉, '한국에 사는 황어속'이라고 한답니다. 우리나라 학자뿐만 아니라 외국에서 민물고기를 연구하는 학자들까지 쉬리를 귀하게 여기는 까닭이 바로 여기에 있어요.

쉬리가 사는 곳이나 생김새를 자세히 본 사람이라면 쉬리의 또 다른 이름이 왜 '여울각시'인지 금방 눈치 챘을 것입니다. 쉬리가 사는 곳은 강의 중상류, 물 흐름이 빠른 여울이에요. 그런 여울에서 물살에 떠내려가지 않으려고 부지런히 헤엄치는 모습을 보고 있으면 절로 생동감이 느껴집니다. 몸의 생김새도 빠른 물살에 잘 견디도록 뾰족한 화살 모양인데, 주둥이 끝도 뾰족하고 꼬리지느러미는 둘로 갈라져 있지요.

쉬리

몸에는 머리에서 꼬리까지 주황색, 남색, 보라색 줄무늬가 이어져 있습니다. 봄에 알 낳을 때가 된 쉬리를 만나면 새 각시처럼 화사해진 모습을 볼 수 있어요. 가슴지느러미를 뺀 모든 지느러미에 까만 줄무늬가 나 있어서 더욱 예뻐 보입니다. 그런 여울에서 쉬리는 자갈에 붙어 있는 하루살이 애벌레들을 먹으며 살고 있어요. 날아다니던 곤충이 물 위에 떨어지면 잽싸게 달려들어서 먹기도 합니다.

알 낳을 때가 된 쉬리를 보면 참 재미있습니다. 그 모습을 더 자세히 관찰하다 보면 생명의 신비로움을 느끼곤 해요. 알은 다른 민물고기보다 빠른 5월 초부터 낳기 시작하는데, 곧 알을 낳으려는 암컷 한 마리가 산란 장소에 나타나면 수컷 여러 마리가 다가와 암컷 뒤를 졸졸 따라다니기 시작합니다. 그러다가 암컷이 알을 낳으면 수컷들이 동시에 달려들어 정액을 뿌리고 수정을 시키는 거예요. 그 모습을 보고 있으면 아주 활기가 넘친답니다.

그런데 여기에 특이한 사실이 하나 있어요. 암컷 쉬리는 다른 민물고기에 비해 알을 적게 낳는다는 것입니다. 왜 그럴까요? 쉬리는 알을 수백 개쯤 낳아서 바닥에 깔린 잔자갈 사이에 꼭꼭 숨겨 놓습니다. 알을 적게 낳는 대신 더 많은 새끼를 살리는 방법을 선택한 것이지요.

그런가 하면 쉬리도 각시붕어처럼 생명력이 강합니다. 집에서 흔히 쓰는 어항에 풀어 놓아도 죽지 않고 잘 살아요. 우리 연구소에 있는 작은 어항에서도 4년이 넘도록 먹이도 잘 먹고 건강하게 살고 있는 쉬리가 있거든요. 그리고 보면 쉬리도 자랑스런 우리의 관상어로 온 세계에 알릴 만한 물고기가 아닐까요? 쉬리가 사는 곳은 우리나라에서도 큰 축에 드는 강의 중상류입니다. 임진강과 한강, 금강, 만경강, 영산강, 섬진강, 낙동강같이 서해와 남해로 흐르는 강에 많이 살아요. 뿐만 아니라 삼척에 있는 오십천에도 있고 거제도 같은 섬에서도 잘 사는 걸 보면, 쉬리는 강한 생명력으로 앞으로도 끈질기게 살아남을 것입니다. 북한에서는 아직 사는 곳이 많이 알려져 있지 않은데, 더 조사를 해 봐야 자세히 알 수 있겠지요.

이처럼 쉬리는 생김새도 예쁜 데다가 오직 우리나라에만 널리 퍼져 사는 물고기입니다. 하지만 쉬리도 다른 민물고기처럼 갈수록 수가 줄어들고 있어요. 강의 중상류, 물이 깨끗하게 흐르는 여울이 있어야만 살 수 있는데 사람들이 흐르는 강줄기를 막아 댐을 만들고, 홍수 피해를 줄이겠다며 강바닥을 파헤쳐 강폭을 넓히다 보니 쉬리가 살 곳이 없어져서 그렇지요. 이 땅이 사람만 잘살 수 있는 땅이 아니라 쉬리도 마음 놓고 살 수 있는 땅이 되기를 간절히 바랍니다.

언제 사라질지 모를 감돌고기

 우리 땅에 사는 민물고기는 모두 소중합니다. 하지만 지금부터 이야기할 감돌고기는 좀 더 특별한 관심과 애정을 쏟아야 할 친구예요. 왜냐고요? 다른 나라에는 없고 오직 우리나라에서만 사는 데다가, 마음을 단단히 먹고 채집을 나가도 좀처럼 볼 수 없을 만큼 귀하기 때문입니다. 게다가 금강, 만경강, 웅천천 중상류 깨끗한 물이 흐르는 곳에서만 살고 있어요. 감돌고기도 일본 어류학자인 모리 다메죠 박사가 해방되기 전에 충북 영동군 황간에서 처음 발견하고 신종으로 발표했습니다.

 이처럼 감돌고기는 생긴 모양이 예쁘기도 하거니와 아주 귀한 물고기입니다. 그 때문에 정부에 환경부가 처음 생겨 나라의 희귀 동식물을 법으로 보호하기 시작했을 때부터 보호 대상에 들어갔어요. 사람을 비롯한 모든 동식물이 마음 놓고 살 수 있을 만큼 자연 환경이 깨끗했다면, 환경부는 처음부터 생기지도 않았을지 모릅니다. 하지만 갈수록 오염이 심해지고, 사람이 나서서 보호하지 않으면 더 많은 동식물이 사라질 판이 되니 환경부는 중요한 정부 기관이 되겠지요.

 '자연환경보존법'이 새로 생기면서 희귀 동식물을 '멸종 위기 야생

감돌고기

동식물'과 '보호 야생 동식물'로 나누었는데, 그때 감돌고기는 멸종 위기종이었어요. 또 2005년 2월, '야생 동식물 보호법'으로 법이 바뀌면서 멸종 위기 야생 동식물 1등급과 2등급이 새로 생겼는데, 그때 역시 감돌고기는 1등급에 들어갔습니다. 이런 걸 보면 감돌고기가 얼마나 중요하고 희귀한 종인지 짐작할 수 있겠지요?

이렇게 지극 정성으로 보호하고 있는데도 해마다 감돌고기는 줄어들고 있습니다. 충남 보령에는 '웅천천'이라는 강이 있어요. 1977년에 웅천천을 조사했을 때만 해도 감돌고기는 다른 어떤 물고기보다 많이 살고 있었습니다. 그걸 좀 어려운 말로 '우점종'이라고 해요. 그런데 1990년대 초 웅천천 상류에 보령 댐이 생긴 뒤부터 조금씩 줄어들더니 지금은 아예 사라져 버렸어요. 이제 웅천천에서 감돌고기는 단 한 마리도 만날 수 없습니다.

감돌고기가 가장 많다고 알려진 금강에서도 마찬가지입니다. 대청 댐이 만들어진 뒤 수몰된 곳과 댐 하류에서는 감돌고기를 한 마리도 볼 수 없으니까요. 더군다나 용담 댐이 금강 중상류에 들어섰으니 이제 감돌고기가 살 수 있는 곳은 더욱 줄어들 게 분명합니다. 하지만 다행스럽게도 금강 상류에는 아직 감돌고기가 살고 있어요. 어디에 사는지 알고 싶다고요? 미안한 말이지만 그건 말해 줄 수 없답니다. 여러분은 그럴 리 없지만, 혹시라도 나쁜 마음을 가진 사람이 나타날지도 모르잖아요. 여러분에게 이야기를 들려주는 이 순간에도 문득문득 불안할 만큼 감돌고기는 희귀한 친구랍니다.

감돌고기는 돌고기하고 아주 비슷하게 생겼습니다. 그런데 몸 색이 돌고기보다 거무스름해요. 돌고기도 몸 가운데 거무스름한 줄무늬가 있어서 예쁜데, 감돌고기는 지느러미에도 검은색 무늬가 있어서 더욱 사랑스럽지요. 아마 감돌고기라는 이름 앞에 붙은 '감'은 검은색이란 뜻으로 붙었을 것입니다. 그러니 감돌고기는 '검은색을 띤 돌고기'가 되는 것이지요. 감돌고기와 돌고기는 입 모양도 조금 다릅니다. 돌고기는 입이 앞으로 튀어나온 말발굽처럼 생겼는데, 감돌고기 입은 조금 아래 쪽으로 뾰족하게 나와 있거든요.

여러분이 강에서 감돌고기를 만났다면 여러 마리가 무리를 지어 바위에서 무엇인가를 열심히 쪼아 먹고 있을 것입니다. 감돌고기는 잡식성으로, 돌에 붙은 돌말이나 물속 곤충들의 애벌레를 잘 먹거든요. 깨끗한 물이 흐르는 곳이라면 주로 하루살이 애벌레 같은 것을 먹겠지만, 물이 좀 흐려진 곳에 사는 감돌고기는 풀색이나 밤색 돌말 같은 식물을 많이 먹는답니다. 하지만 이렇게 사는 감돌고기가 건강하게, 또 오랫동안 살 수는 없을 거예요.

감돌고기가 마음 놓고 살려면 깨끗한 물이 흐르는 여울과 웅덩이가 있어야 합니다. 그러니 강의 중상류에 댐을 만들고 함부로 둑을 쌓아 물길을 막으면 감돌고기가 살 만한 곳이 없어지는 거예요. 그런 데다가 수심도 50cm 이상 되어야 하고, '꺽지'라는 친구가 알을 낳을 만한 돌도 많아야 감돌고기가 새끼를 많이 낳아 기를 수 있습니다.

그런데 갑자기 웬 꺽지 이야기냐고요? 꺽지라는 물고기가 감돌고기 새끼를 길러 준다는 사실을 '생물다양성연구소'에서 일하셨던 어류학자인 최승호 박사님이 발견해 냈답니다.

꺽지의 산란장이 보이면 감돌고기는 재빨리 그곳에다 알을 붙이고 금방 도망칩니다. 감돌고기를 잡아먹을 수도 있는 꺽지 수컷이 빤히 지키고 있는데요. 하지만 참 놀랍고도 재미있는 것이, 꺽지가 이것을 조금도 싫어하지 않는다는 사실입니다. 조금 무섭게 보이는 얼굴로 그냥 멀뚱멀뚱 보고만 있어요. 그리고 꺽지 수컷은 자기 알은 물론 감돌고기 알까지 잘 깨어나도록 보호해 줍니다. 만약에 꺽지 수컷이 산란장을 지키고 있지 않으면 다른 물고기들이 와서 알을 모두 먹어 버리겠지요. 그러니 감돌고기 알이 무사히 깨어나려면 꺽지 수컷이 꼭 있어야 합니다.

그런데 참 신기한 것이 또 하나 있어요. 바로 감돌고기 알이 꺽지 알보다 먼저 깨어난다는 사실입니다. 그도 그럴 것이 꺽지 알이 먼저 깨어서 나가면 감돌고기 알은 어떻게 될까요? 그래도 꺽지 수컷이 마지막까지 남아 지켜 줄까요? 아무리 마음 좋은 꺽지 수컷이라 해도 그렇게까지 해 주지는 않겠지요.

이런 모습은 대개 새들에게서 볼 수 있습니다. 다른 새한테 자기가 낳은 알을 몰래 맡겨 알을 까는데, 이를 '탁란'이라고 해요. 주로 뻐꾸기처럼 힘센 새가 좀 약한 개개비나 오목눈이의 둥지에 몰래 알을 낳습니다. 개개비나 오목눈이는 뻐꾸기 알을 제 알인 줄 알고 잘 품어 주지요. 하지만 민물고기는 새와 반대입니다. 평소 꺽지의 먹이가 되는 약한 감돌고기가 탁란을 하는 걸 보면 대단히 재미있지요. 이렇듯 생물의 세계는 알면 알수록 오묘하답니다. 이렇게 놀라운 사실을 발견하고 매우 좋아하시던 최승호 박사님 모습이 생생하게 떠오르는군요.

이 땅에서 점점 사라져 가는 감돌고기를 되살려 내기 위해 많은 분들이 애쓰고 있습니다. 2005년도에는 저를 비롯해서 수자원공사, 생물다양성연구소에서 일하는 과학자들이 알을 부화시켜 대전 근처의 금강 상류에 어린 감돌고기를 놓아주기도 했어요. 앞으로는 예전에 감돌고기가 살았던 웅천천이나 갈수록 감돌고기가 줄어드는 금강 상류에 계속 놓아줄 계획입니다. 이런 노력이 없다면 감돌고기는 우리나라, 아니 지구에서 영원히 사라지고 말 것이기 때문이에요.

고양이 눈, 꾸구리

꾸구리는 이름만큼이나 특이한 물고기입니다. 지금까지 우리나라에서만 사는 것으로 알려졌고, 그 가운데서도 금강, 한강, 임진강 중류 깨끗하고 물 흐름이 빠른 곳에서만 발견되었지요. 이런 곳은 보통 강바닥이 모래와 자갈로 되어 있고, 물이 그리 깊지 않습니다. 여러분들이 강에서 물놀이하기 딱 좋은 곳이라고 보면 됩니다.

꾸구리를 본 사람도, 그 이름을 들어 본 사람도 거의 없을 만큼 꾸구리는 흔치 않을뿐더러 만나기도 매우 어려운 물고기입니다.

사실, 30년 가까이 물고기를 공부해 온 저도 꾸구리를 본 장소가 겨우 열 손가락 안에 꼽을 정도랍니다. 요즘은 더욱 보기 힘들어져서, 2002년 임진강을 조사할 때도 오직 한 곳에서만 만날 수 있었어요. 2003년에 북한강을 조사할 때는 두 곳에서, 2004년에 남한강을 조사할 때도 단 한 곳에서만 꾸구리를 보았답니다. 얼마 지나지 않아서 꾸구리는 영원히 우리 곁을 떠날지도 모릅니다. 먼 옛날에 사라진 공룡처럼 될 가능성이 높다는 뜻이에요. 지금까지는 법으로 보호하지 않았지만, 2005년에 야생동식물보호법이 만들어지면서 멸종 위기 야생 동식물 2급으로 지정해 보호하기 시작했습니다.

꾸구리는 저도 특별히 사랑하는 민물고기입니다. 꾸구리가 편하게 살 만한 곳이 아주 적기 때문에 그런 것일까요? 꾸구리는 강의 중상류, 수심이 약 50cm쯤 되고, 물 흐름이 매우 빠르며, 바닥에 자갈이 있는 여울에서만 살고 있습니다. 빠른 여울에서 살기 좋도록 배가 납작하고 등은 유선형이어서, 빠른 물살에도 잘 쓸려 내려가지 않아요. 몸의 크기는 5cm 정도밖에 되지 않습니다. 그렇다고 몸에 어떤 특별한 무늬가 있는 것도 아니에요. 잿빛과 밤색이 얼룩덜룩 섞여 있는데,

바닥에 깔린 모래나 자갈 색깔하고 아주 비슷해서 꾸구리가 물속에 있을 때는 바로 옆에 있어도 잘 모를 때가 많습니다.

꾸구리의 생김새 가운데 가장 두드러진 특징은 다른 잉어과 물고기와 달리 입가에 수염이 한 쌍만 있고, 머리 아래쪽에 수염 세 쌍이 더 있다는 것입니다. 이 수염 네 쌍이 빠르게 흐르는 물속에서도 이리저리 잘 옮겨 다니며 살 수 있도록 돕고 있어요. 여러분들은 서 있기조차 힘든 물살에서도 꾸구리는 이 돌에서 저 돌로 마음껏 돌아다닐 수 있답니다.

꾸구리와 비슷한 민물고기로, '돌상어'라는 친구가 있어요. 수염도 네 쌍 있고 생긴 모양이나 사는 곳도 꾸구리와 비슷하지만, 꾸구리보다는

꾸구리

물 흐름이 조금 약한 곳에 살고 있지요. 크기도 꾸구리보다는 좀 크고 더 많은 곳에서 발견되고 있습니다. 하지만 돌상어도 환경부에서 지정한 멸종 위기 야생 동식물 2등급에 들어 있어요.

꾸구리와 돌상어의 가장 큰 차이는 눈꺼풀이 있고 없는 것이랍니다. 물고기한테서는 보기 힘든 눈꺼풀이 꾸구리한테 있어요. 그래서 꾸구리 눈을 가만히 보고 있으면 꼭 고양이 눈을 보는 것 같습니다. 눈으로 빛이 들어오거나 물살이 자극을 주면 신기하게도 꾸구리는 눈을 떴다 감았다 해요. 그런 데다가 눈이 세로로 감기기 때문에 보는 사람 눈이 휘둥그레진답니다.

하지만 이번에도 걱정이 앞섭니다. 요새처럼 강물이 더러워지면 아마 꾸구리는 가장 먼저 사라질 물고기 가운데 하나니까요. 1970년대 말에 최기철 박사님과 백윤걸 선생님은 강원도 정선과 영월에서 흐르는 동강에서 꾸구리가 어디에다 알을 낳고 무엇을 먹고 사는지 관찰하고 채집했습니다. 하지만 2004년에 제가 다시 가 보니 꾸구리는 단 한 마리도 보이지 않았어요. 강과 산을 파헤쳐 도로를 만드니 다른 물고기들보다 먼저 꾸구리와 돌상어가 떠나 버린 것이겠지요.

이렇게 한 곳 두 곳 떠나 버리면 우리는 이제 어디서 꾸구리를 만날 수 있을까요?

알과 새끼를 정성스레 보살피는 꺽지

물속 세상에서도 서로 먹고 먹히는 먹이사슬에 따라 수많은 어린 물고기들이 여름을 넘기지 못하고 죽고 맙니다. 갓 깨어난 어린 물고기가 여름을 지나 가을이 될 때까지 살아남는다면 아마 대부분 어미로 자랄 거예요.

하지만 아주 험난한 현실이 어린 물고기들을 기다리고 있습니다. 여름을 앞두고 어린 물고기 백 마리가 태어났다면 평균 한두 마리가 살아남는답니다. 나머지는 다른 물고기나 물속 생물들의 먹이가 되고 말지요. 어린 물고기 처지에서 보면 가엾은 일이지만, 이런 약육강식의 생존 법칙이 물속 생태계를 이루는 기본이 되는 거예요.

우리나라의 민물고기 대부분은 알을 낳기만 하고 보호하지는 않습니다. 그런가 하면 바닷물고기에 비해 알 크기가 크고 숫자는 적어요. 그래서 민물고기들은 낳은 알이 잘 깨어나서 자랄 수 있도록 제 나름대로 전략을 쓰게 되었습니다. 어떤 전략이냐고요? 바닷물고기들은 대부분 알을 많이 낳아 물 위에 띄우지만, 민물고기들은 물속에 가라앉히거나 눈에 잘 안 띄도록 돌이나 물풀에 붙여 놓아요. 천적에게 먹히지 않고 단 한 마리라도 더 살려 보려는 어미 물고기들의 생존 전략이지요.

그런데 우리 민물고기 가운데서도 제가 낳은 알과 어린 새끼를 스스로 돌보는 친구들이 있답니다. 바로 가시고기, 동사리, 얼룩동사리, 퉁가리, 꺽지 같은 물고기들이지요. 그들처럼 어미가 새끼를 직접 챙기면 아마 더 많은 새끼를 살릴 수 있을지 모릅니다. 하지만 어미 물고기는 새끼를 키우는 데 힘을 많이 써야 하기 때문에 자칫 위험해질 수도 있어요. 그런 습성을 가진 물고기 가운데는 미국에서 온 '베스'나 '블루길'도 있습니다. 바로 그 전략으로 우리나라의 민물에 들어와 쉽고 빠르게, 또 널리 퍼져 살 수 있었던 것이지요.

이렇게 알과 새끼를 지키는 민물고기들은 낳는 알 숫자가 다른 종보다 적고, 알 크기는 큰 편입니다. 바로 꺽지가 그렇습니다. 비슷한 종으로 '꺽저기'가 있는데, 생긴 모양이나 살아가는 습성이 꺽지하고 아주 비슷합니다.

꺽지는 우리나라의 서해와 남해로 흐르는 강의 중상류에 많이 살고 있습니다. 자주 볼 수 있어서 여러분도 마음만 먹으면 언제든 채집해 관찰할 수 있어요. 그런데 동해안으로 흐르는 강 중에서도 양양 남대천, 울진 왕피천에도 꺽지가 있었습니다. 원래 서해안 쪽에서만 살았지만, 지금은 동해로 흐르는 강까지 옮겨 와 살고 있는 것이지요.

우리 고유종인데, 학명은 '코레오페르카 헤르지(*Coreoperca herzi*)'입니다. 독일 어류학자인 헤르젠스테인 박사가 먼저 발견해 자기 이름을 넣었습니다.

꺽지의 생김새는 몸통이 높고 옆으로 납작합니다. 또 길이는 짧고, 등지느러미가 12~14개의 가시부와 11~13개의 연조부로 이루어져 있어요. 몸 색깔은 환경에 따라 다른데, 새끼와 어미도 색이 다릅니다. 대개

꺽지

푸르스름한 엷은 밤색 바탕에 좁고 짙은 밤색 가로무늬가 7~8개 있지만, 알을 낳을 때나 집을 지킬 때는 무섭게 보이도록 몸 전체가 짙은 밤색으로 변하기도 해요. 또 오래 살수록 몸 색이 진해지고, 암수의 색 차이는 구별하기 힘들어집니다. 그런 데다가 아가미 위쪽 끝부분에는 눈알 크기만 한 거무스름한 파란 점이 있어요.

꺽지는 30cm까지 자라기도 하지만, 보통 15cm 정도 자라면 새끼를 낳을 수 있습니다. 바위 아래 어두컴컴한 데서 사는데, 때에 따라서는 물 흐름이 없는 깊은 강 돌 밑이나 강가 물풀 속에서 살기도 해요. 아주 어릴 때는 떼 지어 다니지만 자라면 저마다 세력권을 만들어 따로 살아갑니다. 어릴 적에는 물벼룩이나 작은 동물성 플랑크톤을 많이 먹지만, 자라면서 작은 물고기나 새우, 물속 곤충들처럼 살아 움직이는 먹이만 먹어요.

알은 5, 6월쯤 수온이 약 20~25도 정도로 오르면 낳기 시작합니다. 꺽지가 알 낳는 모습을 보고 있으면 얼마나 정성을 들이고 애를 쓰는지 가슴이 다 뭉클해질 지경이에요.

수컷은 자기 세력권 안에 알 낳을 곳을 정해 놓고 암컷 여러 마리한테 청혼를 합니다. 그렇게 해서 꺽지 수컷 한 마리가 지키는 알은 보통 암컷 서너 마리가 낳은 것들이에요. 그때부터 꺽지 수컷은 온 힘을 다해 알을 지킵니다. 어느 정도냐 하면 알을 낳은 어미가 다가와도 와락 쫓아내 버릴 정도랍니다. 이윽고 알이 깨어날 때가 되면 꺽지 수컷은 부지런히 지느러미를 움직여서 알에게 산소를 불어넣어 줍니다. 알이 깨어난 뒤에도 꺽지 수컷은 어린 새끼 곁을 떠나지 않아요. 자기 새끼가 어느 만큼 자랄 때까지 온갖 정성으로 보살피다가 자연스럽게 곁을 떠나도록 돕는 것이지요.

다행히 꺽지는 지금도 쉽게 만날 수 있습니다. 하지만 꺽지가 마음 놓고 알을 낳고 살려면 큼직한 바위나 돌이 꼭 있어야만 해요. 그렇지만 꺽지도 다른 물고기처럼 언제 우리 곁을 떠날지 알 수 없습니다. 하루가 다르게 꺽지가 살 만한 곳들이 사라지고 있으니까요.

중고기도 조개가 있어야 살 수 있어요

중고기는 우리나라의 서남해로 흐르는 강에 사는 고유종 민물고기입니다. 앞에서 버들치의 고향 말 이름에도 '중고기'가 있다고 했지요? 하지만 여기서 말하는 중고기는 그 중고기와 다른 물고기예요.

그런데 참 이상한 것이, 중고기는 흔히 볼 수 있는데도 정확한 모양을 아는 사람이 드물어요. 왜 그럴까요? 제 생각일 뿐이지만, 많은 수가 한꺼번에 잡히지 않고, 생긴 모양도 그다지 특별하지 않기 때문이 아닐까 싶어요. 하지만 초록색과 파란색, 분홍색으로 혼인색을 띤 수컷을 본 사람이라면, 그리고 납자루 무리처럼 재첩이나 조개 몸에 알을 낳는다는 사실을 알게 되었다면 아마 생각이 달라질 거예요.

우리나라에는 고유종 민물고기가 56종 넘게 있다고 했습니다. 하지만 단 몇 종 말고는 중고기처럼, 사는 곳이나 정확한 생김새, 그리고 언제 어떻게 알을 낳는지 알려지지 않은 것이 대부분이에요.

민물고기가 되었든, 아니면 꽃이나 나비가 되었든 오직 우리나라에서만 볼 수 있다면 보물 대접을 받아야 마땅한데, 우리가 너무 무관심했다는 증거가 아닐까요? 그러는 사이 우리에게만 있는 유전 자원이 나라 밖으로 빠져 나가고 있습니다. 요새 많이 수입되는 '킴스라일락'이라는 꽃도 꽃의 향기가 진하고 크기가 작은 우리 '라일락'이 미국으로 건너갔다가 품종이 개량되어 다시 돌아온 것이라지요.

중고기는 생김새도 예쁘거니와 알 낳는 습성도 특이해서 관상어로, 또 물고기의 생태를 가르치는 데도 잘 쓰일 만한 물고기입니다. 중국과 일본에도 비슷한 물고기가 있긴 하지만, 생김새와 혼인색이 달라서 다른 '아종'으로 나누어 놓았어요. 여기서 '아종'이란 모양은 서로 다르지만 두 집단 사이에 새끼를 낳을 수 있는 관계를 말해요. 그래서 중고기를 특별히 '고유 아종'이라고 한답니다.

중고기는 잉어과에 속하는 민물고기입니다. 크기는 보통 10cm 안팎인데, 15cm까지 자라기도 해요. 주둥이는 조금 아래로 처져 있고, 입수염이 있긴 하지만 자세히 관찰해야만 볼 수 있답니다. 그런가 하면 등은 푸르스름한 밤색이고, 배는 은백색이 더 강하지요. 등지느러미가 시작되는 부분과 끝나는 부분, 그리고 꼬리지느러미 위아래쪽에 검은

참중고기

무늬가 있어서 등지느러미에 무늬가 하나만 있는 '참중고기'하고 구분이 됩니다. 생김새나 몸 빛깔이 중고기와 닮았지만, 참중고기도 우리나라 고유종이에요. 중고기보다 상류 쪽에 살고 혼인색도 아주 예쁘답니다.

  중고기는 강의 중류에 사는데, 바닥에 진흙과 모래자갈이 섞여 있고, 가장자리에 물풀이 있으며, 깨끗한 물이 잔잔하게 흐르는 곳을 아주 좋아합니다. 이런 곳은 중고기와 공생하는 재첩이나 민물조개가 살기에도 좋은 곳이지요. 하지만 중고기의 운명도 다른 민물고기들과 다르지 않습니다. 홍수를 예방하겠다며 강둑을 쌓고, 산과 계곡을 파헤쳐 도로를 만드느라 중고기가 살 만한 곳들이 점점 줄어들고 있으니까요. 그런 데다가 중고기가 어떤 조개에 알을 낳는지 아직 정확하게 밝히지 못했습니다. 암컷 몸에서 기다란 산란관이 나오는 걸 보고는 재첩이나 조개 몸에 알을 낳지 않을까 짐작만 할 뿐이거든요.

  얼마 전에 흥미로운 실험을 했답니다. 5월과 6월 사이에 채집한 중고기 암컷으로 인공 부화 실험을 해 보았어요. 산란관을 늘어뜨린 암컷 배를 살짝 눌러 보니 대부분 알이 두세 개씩만 나왔습니다. 하지만 배는 그대로 볼록한 채였어요.

  우리는 바로 이것이 중고기가 재첩이나 작은 조개 몸에 알을 낳는 증거라고 생각했습니다. 조그마한 재첩 몸에 알을 낳으려면 되도록 부담이 덜 되도록 한두 개씩만 낳아야 할 테니까요. 이렇듯 비밀스러운 중고기의 산란 생태를 연구하다 보니 중고기가 더 예쁘고 귀하게 생각되었습니다.

씩씩한 청소부, 돌마자

물가에서 흔히 볼 수 있는 민물고기 가운데 돌마자도 있습니다. 역시 우리나라에만 사는 고유종이에요. 모래와 자갈이 깔려 있고, 맑은 물이 느리게 흐르는 강바닥이라면 돌마자가 살기 좋은 곳이지요. 크기는 보통 5~8cm 정도지만, 10cm까지 자라기도 해요.

돌마자는 몸이 원통 모양이고, 입은 조금 아래쪽으로 처져 있습니다. 주로 강바닥에 살기 때문에 모래 속으로 쉽게 들어가고 나가기 위해서예요. 바닥에 있는 먹이를 먹기 쉽도록 입술은 작은 돌기로 되어 있고, 수염도 귀엽게 한 쌍만 나 있습니다.

몸 색은 파르스름한 밤색이거나 연한 밤색 바탕에 진한 밤색 무늬가 얼룩덜룩 나 있습니다. 배 쪽은 은백색인데, 모양이 제각각 다른 반문이 여덟 개 있어요. 산란기가 되면 수컷은 몸이 짙은 검은색으로 바뀌지만,

암컷은 몸 색이 바뀌지 않습니다. 다만 배가 불룩해지고 입술 돌기가 붉은색으로 변하기 때문에 수컷하고 쉽게 구별이 되지요. 우리나라에서는 동해로 흐르는 강을 빼고는 거의 모든 강에서 볼 수 있습니다.

돌마자는 제게도 특별한 추억이 있는 물고기입니다. 제가 처음 민물고기 연구를 시작했을 때만 해도 '모래주사 속'에 들어 있는 돌마자, 모래주사, 배가사리가 서로 어떻게 다른지 사람들은 잘 몰랐습니다. 모리 박사가 1935년에 신종으로 발표하고 특징과 사는 곳을 간단하게 기록해 놓은 것이 전부였어요. 돌마자와 모래주사는 학자들도 헷갈릴 만큼 구별하기가 매우 어렵습니다.

김익수 교수님과 제가 돌마자와 모래주사, 배가사리를 연구했더니 흥미로운 사실이 드러났습니다. 이전에는 3종 모두 우리나라에 널리 퍼져 사는 줄 알았는데, 조사해 보니 모래주사는 섬진강과 낙동강 일부 지역에서만 살았어요. 그리고 지금까지 모래주사가 산다던 곳에서는 대부분 돌마자가 살고 있었습니다. 이런 차이를 발견하기란 무척 어려운 일인데, 이제 막 민물고기를 연구하기 시작한 저로서도 아주 보람 있는 일이었어요. 더군다나 그때만 해도 물고기를 채집하는 것이 쉬운 일이 아니었습니다. 투망과 족대를 짊어지고, 흙먼지가 풀풀 나는 길을 버스를 타거나 걸어서 다녔거든요.

돌마자

돌마자는 물속 곤충들의 애벌레나 실지렁이도 먹지만, 돌에 붙어 있는 돌말이나 유기물 같은 식물성 먹이를 잘 먹는답니다. 돌에 사는 작은 민물고기라는 뜻으로, 돌마자라는 이름이 표준말로 쓰입니다만, 생태 특성이 잘 담긴 이름은 아니에요. 사실 돌마자는 돌보다는 모래나 잔자갈이 깔린 곳에서 살고 있으니까요. 그런가 하면 돌마자에게는 '써거뱅이'라는 재미난 고향 말 이름도 있습니다. 물속 유기물을 많이 먹기 때문에 물 밖으로 잡혀 나오면 잘 죽는 데다가 금방 썩어 버리기 때문에 붙은 이름이에요. 그러니 써거뱅이는 사람이 먹을 수 없는 돌마자의 특성이 잘 담긴 이름이라고 할 수 있겠지요.

돌마자도 오직 우리나라에서만 만날 수 있는 귀한 물고기입니다. 옛날보다 강이 많이 더러워졌지만 지금도 떼 지어 다니며 강바닥에 쌓인 유기물을 먹으며 살고 있어요. 하지만 강이 지금보다 더 더러워지면 돌마자도 살길이 없어집니다. 요새처럼 강바닥을 파헤쳐 돌과 모래를 없애면 돌말이 생길 수 없으니까요. 그러니 적당하게 유기물이 깔린 강바닥이라면, 우리의 돌마자가 부지런히 다니며 강바닥을 깨끗하게 청소해 줄 것입니다. 그래야 우리도 마음 놓고 물을 쓸 수 있지 않을까요?

5 탐구하자, 우리 민물고기

　지금까지 알아본 것들 말고도, 우리나라에는 신비로우면서도 재미난 행동을 보이는 민물고기들이 얼마든지 있습니다. 알고 나면 얼마나 사랑스러운 친구들인지 여러분도 느낄 거예요. 하나같이 온 세계에 자랑스레 내놓고 싶은 우리의 귀한 물속 친구들입니다.

　어름치는 알을 낳고 새끼를 키우기 위해 '산란탑'을 쌓는, 우리의 천연기념물입니다. 버들붕어는 특이하게도 '거품집'이란 것을 손수 지어서 새끼를 보호하고 있어요. 송사리는 알을 낳아서 자기 몸에 붙이고 다니다가 안전한 곳을 발견하면 그제야 붙여 놓는답니다. 마치 새처럼 둥지를 만들어서 수컷이 새끼를 보호하는 가시고기도 있지요.

　이렇듯 물속 세상에서도 자기 새끼를 지키려는 노력은 참으로 눈물겹습니다. 하지만 안타깝게도 많은 물고기들이 벌써 멸종되었거나 멸종을 코앞에 두고 있어요. 가엾은 서호납줄갱이는 이제 누구도 볼 수 없게 되었습니다. '종어'도 멸종해 버렸지만, 다행히 중국에 아직 살고 있어서 우리나라에서 다시 되살리려는 실험이 계속되고 있어요.

자, 여러분! 그 가운데 중요한 물고기를 골라 이야기를 시작하겠습니다. 여러분 가운데 우리 민물고기를 연구하고 지켜 줄 과학자가 꼭 있겠지요? 그럴 것이라 믿으니 새삼 힘이 납니다.

아주 가 버린 서호납줄갱이

갑자기 어떤 생물이 멸종되었다는 소식을 듣는다면 누구든 안타까울 것입니다. 더욱이 그것이 우리나라에서만 살던 동물이라면 우리들로서는 말할 것도 없겠지요. 우리 민물고기 가운데서도 서호납줄갱이와 종어는 우리 곁을 영원히 떠나고 말았습니다. 뿐만 아니라 금강에 살던 어름치와 금강모치, 웅천천에 살던 감돌고기, 그리고 미호천에 살던 미호종개는 살던 데서 자취를 감추었고 언제 멸종될지 아무도 모르게 되었어요.

서호납줄갱이는 우리나라에만 살던 물고기입니다. 수원에 있는 '서호'와 서호로 흘러드는 '서둔천'에만 살고 있었지요. 1913년 서호납줄갱이를 처음 발견하고 신종으로 발표한 사람은 미국의 어류학자 조든 박사와 메츠 박사입니다. 일본과 우리나라를 오가며 많은 물고기를 발견한

서호납줄갱이

분들이지요. 그들은 서호납줄갱이를 채집해 표본 두 마리를 미국으로 가져갔습니다. 그 뒤에는 모리 다메죠 박사가 서호에서 채집했다는 기록을 남겼어요. 1945년 해방된 뒤에는 서울대학교 농과대학의 강수원 교수님이 서호에서 보았다고 했을 뿐 1960년대 이후에는 누구도 보았다는 사람이 없습니다.

사실 서호에 한 번이라도 가 본 사람이라면 알 수 있습니다. 어떻게 이런 데서 서호납줄갱이가 살았을지 상상조차 하기 힘들답니다. 물은 더러워질 대로 더러워져 죽은 물이 되었습니다. 민물조개가 살 만큼 깨끗해야 서호납줄갱이도 알을 낳으며 살 수 있는데, 그동안 수많은 물고기가 떼죽음당했을 것이 뻔해 보이거든요. 오직 서호에서만 살았기 때문에 서호납줄갱이란 이름이 붙었겠지만, 왜 하필 그곳에만 살았는지 안타까울 따름입니다. 보고 싶어도 볼 수 없으니 진짜로 살았을지 의심하는 사람도 가끔 있었어요. 하지만 서호납줄갱이의 모습이 논문으로 자세히 남아 있으니 믿을 수밖에 없겠지요.

1982년, 김익수 교수님은 미국에 갔다가 서호납줄갱이를 직접 눈으로 보셨답니다. 듣던 대로 서호납줄갱이는 미국 시카고 자연사 박물관에 표본으로 남아 있었대요. 한평생 민물고기를 연구해 온 학자로서, 우리 땅에서 살다 사라져 버린 서호납줄갱이를 머나먼 이국땅에서야 만날 수 있었으니 얼마나 감회가 새로웠을까요? 그때 김익수 교수님은 마치 심장이 멎는 것 같았다고 했어요.

이처럼 서호납줄갱이는 표본으로만 남아 한때 대한민국에서 살았다는 것을 증명하고 있습니다. 생각하면 할수록 부끄럽고 가슴 아픈 일이 아닐 수 없습니다. 이제 서호납줄갱이는 단 두 마리, 그것도 표본이 된 지 90년이 넘어 빛이 바래고 누더기가 된 채 남아 있는 것입니다. 사실 우리나라에도 서호납줄갱이 표본이 몇 개 있었다는 기록이 있지만, 6·25 전쟁이 난 뒤 타 버리거나 어디론가 없어져 버렸다니 아쉬울 따름이에요. 아직까지 그럴듯한 자연사 박물관 하나 없으니 어찌 보면 당연한 결과겠지요.

그러고 보니 제게도 아픈 기억이 하나 있습니다. '좀수수치'를 발견하고 신종으로 발표할 때였는데, 채집한 표본을 우리나라가 아닌 일본 국립 자연사 박물관에 맡겨 둘 수밖에 없었어요. 신종을 발표하려면 모식표본을 채집한 뒤 세계에서 인정하는 자연사 박물관에 보관

하도록 되어 있는데, 우리나라에는 아직 그런 박물관이 없는 탓이었습니다.

하지만 지금도 늦지 않았습니다. 우리도 하루빨리 자연사 박물관을 많이 가져야 해요. 그래야 우리 땅에서 살아온 생물 자원을 우리 손으로 지킬 수 있습니다. 또 그래야만 귀중한 표본을 미래의 주인공인 여러분과 여러분의 뒤를 이을 세대들에게도 남길 수 있지 않을까요?

안타깝고 가슴 아픈 일이지만, 이제 서호납줄갱이는 다시 볼 수 없습니다. 정확히 어떻게 생겼는지, 무엇을 먹으며 어떻게 살았는지, 또 얼마나 예뻤는지, 살아 움직이는 서호납줄갱이를 보면서 관찰하고 싶어요. 서호납줄갱이는 아주 가 버렸지만, 앞으로 똑같은 일이 벌어지지 않기만 바랍니다.

다시 살아난 종어

종어(宗魚)는 그 이름만으로도 아주 특별한 물고기입니다. 이름에다 옛날 조선시대 임금인 '태종, 세종, 고종'처럼 '으뜸'이라는 뜻을 가진 한자, '종(宗)'을 붙인 물고기니까요.

그런데 무슨 까닭으로 종어는 그렇게 대단한 이름을 가지게 되었을까요? 그건 종어가 너무 맛있는 물고기라 임금님이 드실 음식으로 바쳤기 때문이라는 말이 있습니다. 그만큼 맛이 뛰어나서 종어가 많이 나오던 부여에 현감으로 간 사람은 빨리 출세한다는 말이 나돌 정도였대요. 우스갯소리일 수도 있지만, 임금님이 드실 만큼 맛있었다고 하니 아무래도 높은 벼슬에 있거나 힘 있는 관리들도 먹고 싶어 하지 않았을까요?

그런데 그 종어가 지금 우리나라에 없답니다. 벌써 멸종해 버린 거지요. 오랜 옛날부터 맛있기로 소문이 나다 보니 사람들이 너무 많이 잡아서 그런 걸까요? 하지만 그 까닭이 무엇인지는 아직 잘 모르고 있습니다. 다만 몇 가지 이유를 짐작만 하고 있을 뿐이에요.

종어는 강과 바다가 만나는 하구에서 민물과 바닷물 사이를 오가며 살았습니다. 그런데 강 하구는 오염 물질이 쉽게 모이는 곳이다 보니 어느 날 갑자기 종어가 살기 힘들 만큼 더러워졌을 수도 있어요. 또 간척지를 만드느라 바닷물이 못 들어오도록 하구에 댐을 쌓는 바람에 강과 바다 사이를 오가던 길이 막혀 그랬을 수도 있다고 봅니다. 종어하고 크기와 사는 모습이 비슷한 '철갑상어'가 멸종되어 가는 걸 보면 어쩌면 큰 물고기가 살기에 강 하구는 적당하지 않은지도 몰라요.

종어는 1960~1970년대에 우리나라에서 사라진 것으로 알려져 있습니다. 혹시나 해서 종어가 살았던 곳을 여러 차례 조사해 보았지만 단 한 마리도 볼 수 없었어요. 1990년대 초까지만 해도 종어를 보았다는 어부가 가끔 있었는데, 2000년대에 들어서자 이름은 들어 보았지만 보았다는 분은 더 이상 없었습니다. 그러니 멸종된 지 50여 년이 넘은 것이지요.

저는 꼭 한 번만이라도 좋으니 종어를 보고 싶었습니다. 그리고 어떻게 해서든 우리 땅에서 종어를 되살리고 싶었어요. 그런데 불행히도 종어는 우리나라에 표본조차 남아 있지 않습니다. 옛날에 일본 사람이 찍었다는 흑백 사진 한 장이 전부였어요. 정말이지 많이 서운했고 답답했지요. 바로 그때 한 줄기 빛처럼 좋은 소식이 들려왔습니다. 이웃 나라 중국에는 아직 종어가 살고 있다는 것이었어요. 저는 중국에서 종어를 구해 올 생각으로, 준비해 오던 복원 계획서를 마무리하고 내수면생태연구소에 냈습니다.

하지만 그것도 쉬운 일은 아니었습니다. 종어는 중국에서도 귀한 대접을 받고 있는지, 나라 밖으로 가지고 나가려면 반드시 허락을 얻어야 한다는 것이었어요. 중국도 제 나라의 생물 자원이 나가는 것을 법으로 막고 있었던 것입니다. 많이 고민한 끝에 저는 위험한 선택을 하기로 마음먹었습니다. 그리고 2년이라는 시간이 흐르는 동안

말로 다할 수 없는 일을 겪으며 종어를 구했어요.

문제는 그때부터 시작이었습니다. 그토록 보고 싶던 종어를 만났고 어렵게 구해 오기까지 했지만, 어떻게 해야 할지 막막했어요. 게다가 몸에 상처가 난 종어부터 한두 마리씩 죽어 나갔습니다. 그도 그럴 것이 어떻게 키워야 하는지, 심지어 무엇을 먹는지조차 몰랐으니까요. 처음 80마리를 들여오던 때가 10월이었는데, 이듬해 봄이 되자 겨우 6마리만 남았습니다. 이러다가 모두 죽는 게 아닐까 싶어서 입 안이 바싹바싹 탔어요.

바로 그때 기적 같은 일이 일어났습니다. 아무리 늦어도 5월까지는 성공해야 했는데, 몇 마리 안 남은 암컷이 알을 낳아 무려 800마리나 되는 새끼가 깨어난 것이었어요. 얼마나 기뻤던지 말로 다 할 수 없을 만큼 행복했답니다. 그러다 보니 무엇을 먹이고 어떻게 키워야 하는지도 잘 알게 되었지요.

머지않아 우리 강에서 헤엄쳐 다니는 종어를 볼 수 있을 것 같아 가슴이 벅찼습니다. 하지만 아직도 할 일이 많이 남았어요. 그 가운데 몇 가지는 어떻게든 풀어야 할 숙제로 남아 있답니다. 먼저 중국에서 온 종어와 우리 땅에 살던 종어가 같은 종인지 확실치 않습니다. 기록에는 같은 종이라고 되어 있지만, 유전학으로 보았을 때 아닐 수도

종어

있으니까요. 그리고 이런 방법으로 복원하는 일이 과연 옳은지도 더 따져 봐야 한답니다. 되살아난 종어가 자연으로 돌아가 잘 견디며 살지도 지켜봐야 해요.

아무튼 지금도 많은 연구와 실험이 계속되고 있습니다. 처음 깨어난 새끼 종어가 건강한 어미로 자라 다시 알을 낳고, 그 알들이 새끼가 되어 강에서 살 수 있기를 바라고 있지요. 힘들게 되살린 만큼 좋은 결실이 있다면 얼마나 좋을까요?

차가운 물에서만 사는 천연기념물, 열목어

열목어는 차가운 물을 좋아하고 차가운 물이 아니면 살 수 없는 물고기입니다. 크기가 아주 커서 30~50cm는 보통이고, 옛날에는 1m를 넘는 것도 있었다고 해요. 하지만 지금 우리나라에서 50cm쯤 되는 열목어를 보았다면 매우 큰 것을 본 겁니다. 그만큼 덩치가 크고 어렵지 않게 볼 수 있어서 옛날부터 먹으려고 많이 잡았대요.

옛 선비들이 지은 책을 보면 열목어 이야기가 가끔 나옵니다. 옛날 백두산에 살던 열목어는 사람을 보고도 도망치지 않았다고 해요. 그래서 1m나 되는 열목어를 지팡이로 내리쳐 쉽게 잡았다고 하니 얼마나 흔했는지 상상이 되지요? 열목어는 지금의 북한과 강원도 지방에 많았답니다. 오대산 월정사에 봄이 오면 많은 열목어가 떼 지어 올라와 절 안에 있는 금강 못에서 물을 튀기며 놀았다고 해요.

생긴 모양과 몸 색을 보면 여러분도 금방 열목어를 좋아하게 될 거라고 생각합니다. 몸의 바탕색은 노르스름한 밤색이고, 어릴 때는 몸 옆면에 9~10개 정도 진한 밤색 가로무늬가 있어요. 등과 등지느러미, 그리고 머리 쪽에는 눈동자보다 작은 밤색 점이 있어서 기름지느러미가 있는 연어나 산천어와 구별됩니다. 비늘이 작으면서 가늘다고 '세린어'라 했고, 눈에 열이 있다고 하여 '열목어'라는 이름이 생겼지만 눈에 열이 있지도 붉지는 않답니다.

그 많던 열목어가 지금은 천연기념물로 지정해 보호해야 할 만큼 귀해졌습니다. 찬 물을 좋아하는 만큼 옛날 빙하기 때는 아주 널리 퍼져서 살았을 텐데 말이에요. 하지만 지구 온난화로 수온이 오르는 바람에 점점 살 곳이 줄었고, 그럴 때마다 열목어는 더 깊은 산속으로 들어갔을 것입니다. 우리나라에서 열목어가 살 수 있으려면 수온이 20도를 넘지 않아야 하고 나무 그늘이 많아야 하니까요. 그러다 보니 열목어를 먹었다는 말은 전설처럼 되어 버렸답니다. 이제 웬만한 계곡에서는 얼굴조차 보기 힘들어졌지요.

마침내 정부에서 발 벗고 나섰습니다. 이대로 가다가는 열목어가 사라져 버릴 것 같았기 때문이지요. 1962년 12월, 정부는 낙동강이 흐르는 경상북도 봉화군 석포면 대현리 쪽에 살던 열목어를 천연기념물 74호로 지정했습니다. 그곳은 열목어가 살 수 있는 남방 한계선이었어요. '남방 한계선'이란 더 남쪽으로 내려가서는 살 수 없다는 뜻이랍니다. 하지만 1970년대에 이르자 그곳에 살던 열목어들은 모두 멸종되고 말았어요. 이를 안타까워하던 분들이 강원도 홍천에 살던 열목어를 잡아다 놓아주었지만, 예로부터 낙동강 상류에 살던 열목어는 결국 멸종되었다고 보아야 해요.

그건 열목어가 꽤 많다던 북한강 계곡에서도 마찬가지였습니다. 소양강 댐이나 평화의 댐이 들어서면서 살 곳을 빼앗겼고, 산을 파헤쳐 만든 고랭지 채소밭 때문에 계곡으로는 1년 내내 흙탕물이 흘러내렸어요. 그뿐만이 아닙니다. 사람들이 들어와 집을 짓겠다며 나무를 베어 낸 만큼 그늘이 줄었고, 그 결과 수온이 올라서 열목어가 살 수 없는 계곡만 늘어났지요.

게다가 이런 일까지 있었습니다. 동해안으로 흐르는 계곡에만 사는 데다가, 열목어하고는 사는 곳과 먹이가 비슷한 '산천어'를 열목어가 사는 데다 풀어 놓은 거예요. 정말이지 마음 아픈 일입니다. 심지어는

열목어

외국에서 들여온 '무지개송어'까지 풀어 놓았는데, 그 사나운 물고기와 함께 열목어는 과연 잘 살 수 있었을까요?

 2005년 봄, 열목어가 막 알을 낳기 시작할 즈음 비무장지대(DMZ)에 있는 두타연에 가 보았습니다. 그곳은 우리나라에서 열목어를 가장 많이 볼 수 있는 곳 가운데 하나예요. 사람들의 발길이 거의 없어서인지 그야말로 장관이었습니다. 암수가 짝을 지어 보이는 산란 행동이나 거대한 폭포를 넘기라도 하려는 듯 힘있게 뛰어오르는 모습을 그저 넋을 잃고 바라보았지요. 저 모습이 바로 오랜 옛날에 열목어가 살던 모습이라 생각하니 슬그머니 걱정스러워졌습니다. 사람들을 피해 더 깊은 계곡을 찾아 쫓겨 들어가야 할 우리 땅의 열목어들이 가엾어졌어요.

한강에만 사는 황쏘가리

황쏘가리를 보면 절로 기품이 느껴집니다. 쏘가리처럼 60cm 넘게 자라는 데다가, 황금색 아름다운 무늬를 하고 여유롭게 헤엄치는 모습을 보면 누구라도 그렇게 생각할 거예요.

게다가 황쏘가리는 저하고도 아주 특별한 인연이 있습니다. 그게 뭐냐고요? 멸종 위기에 놓인 천연기념물 190호, '한강 황쏘가리'를 제가 인공 부화시켜 이제 한강에서도 어렵지 않게 만날 수 있도록 했기 때문이에요.

지금으로부터 10여 년 전, 내수면생태연구소에서 일하기 시작할 때부터 저는 쏘가리에 관심이 많았습니다. 왜냐하면 워낙 비싼 물고기인 데다가 사람들이 마구 잡아들여서 수가 아주 많이 줄어 있었거든요.

그리고 쏘가리는 인공 부화를 할 수 없는 물고기라고 알려져 있었기 때문에 어떻게든 그 연구를 해 보고 싶었답니다. 쉽지 않은 일이었지만, 수많은 실험을 거친 끝에 좋은 결과가 나왔어요. 그렇게 해서 얻은 어린 새끼들을 쏘가리가 많이 사는 소양호와 청평호에 놓아 주는 일을 되풀이하고 있었지요.

그러다가 새로운 사실을 알게 되었습니다. 쏘가리의 '변이'이면서 천연기념물 190호인 '한강 황쏘가리'가 멸종된 게 아닐까 싶을 만큼 보기 힘들어졌다는 거였어요. 그때 저는 이런 생각을 해 보았습니다. 아무래도 쏘가리와 비슷할 테고, 쏘가리를 인공 부화시키는 기술도 있으니 황쏘가리도 그렇게 하면 되지 않을까 싶었던 거예요.

그러나 너무 쉽게 생각한 탓인지 곧 벽에 부딪치고 말았습니다. 새끼가 생기려면 반드시 어미가 있어야 하는데, 다들 어디로 갔는지 어미 한 마리 보기가 힘들었어요. 무려 2년이라는 세월이 흐르도록 암컷은 단 한 마리도 못 잡고, 수컷만 일곱 마리를 잡았습니다. 할 수 없이 암컷은 쏘가리로 대신할 수밖에 없었지요. 그랬더니 30%만 황쏘가리가 나왔고, 나머지는 모두 쏘가리가 태어났습니다. 그때 생긴 어린 황쏘가리 암컷과 수컷을 키워서 다시 교배시켰더니 이번에는 80% 가까이 황쏘가리가 나오더군요.

한 가지 재미있는 것은, 교배시킬 때 황쏘가리의 무늬가 깨끗하고 선명할수록 황쏘가리가 더 높은 비율로 나온다는 것입니다. 황쏘가리에게 있는 무늬가 정확하게 유전된다는 뜻이지요. 그때까지만 해도 황쏘가리는 쏘가리의 색소 결핍 돌연변이(알비노)로만 알고 있었는데, 아주 다른 결과가 나온 것입니다.

황쏘가리

사실 황쏘가리는 쏘가리의 색소 변이이기는 하지만, 좀 더 특별한 경우랍니다. 색소 결핍 돌연변이로 알려진 흰 까치, 흰 호랑이, 노란 무지개송어, 노란 송사리가 하나같이 한 가지 색만 나오는 것과는 다르다는 것이지요. 만약 황쏘가리도 색소 결핍 돌연변이라면 모두 노란색이 되어 나와야 하는데, 황쏘가리는 하얀 쏘가리도 있고 머리를 뺀 몸 색만 황색인 것도 있으니까요. 또 어떤 황쏘가리는 지느러미 끝만 밤색인 것도 있답니다.

그러니 황쏘가리도 훌륭한 관상어가 될 수 있을 거예요. 잉어의 변이인 비단잉어나 붕어의 변이인 금붕어처럼 말이지요. 그만큼 황쏘가리는 유전학으로 보았을 때 중요할 수밖에 없어서 천연기념물로 지정해 보호하는 것입니다.

드디어 1988년, 애지중지 키운 황쏘가리 1천 마리를 북한강에 풀어놓았습니다. 얼마나 가슴이 설레던지 평생 잊을 수 없는 순간이었지요. 그리고 서울시와 함께 뜻을 모아 2000년에 5천 마리, 2001년에 1만 마리를 풀었어요. 또 2004년부터는 해마다 1만 마리씩 자연으로 보내고 있답니다.

그래서인지 가끔 한강에서 황쏘가리를 보았다거나 잡았다는 소식이 들려오고 있습니다. 그럴 때면 제 손으로 보낸 황쏘가리들이 잘 적응하며 사는 것 같아 기분이 좋아요. 여러분이 만약 한강에서 황쏘가리를 보았다면 열에 아홉은 제가 보낸 황쏘가리이거나 그들이 커서 낳은 새 끼일 것입니다.

미꾸리는 창자로도 숨을 쉰다

이제 여기까지 읽었으면 여러분도 우리 민물고기와 꽤 친해졌을 거예요. 누가 여러분에게 우리 민물고기 이름을 아는 대로 말해 보라면 20가지쯤은 댈 수 있겠지요? 그런데 우리나라 사람들이 가장 많이 알고 있는 물고기는 어떤 것일까요? 피라미? 송사리? 붕어? 메기?

예, 다 맞습니다. 하지만 미꾸리 또는 미꾸라지도 다섯 손가락 안에는 들 것 같아요. 그만큼 미꾸리는 예로부터 우리 겨레와 가까이 지냈고, 또 아주 특이한 습성을 가진 것으로도 유명하거든요. 우리나라에 사는 미꾸리는 표준말이고, 미꾸리와 미꾸라지 두 종이 있습니다. 미꾸리는 생긴 모양이 동글동글하다고 해서 '동글이'라고도 했고, 미꾸라지는 옆으로 납작하다고 '납작이'라고도 했어요. 하지만 자세히 관찰해 보면 두 종 사이에도 큰 차이가 있다는 것을 알 수 있습니다.

먼저 미꾸리는 강의 중류에 사는데, 연못이나 농수로에도 많이 살아요. 물이 조금 흐르는 데를 좋아하기 때문에 상류 쪽에서도 가끔 볼 수 있답니다. 우리나라뿐만 아니라 중국과 일본에도 살고 있지요. 그런가 하면 미꾸라지는 미꾸리에 비해 물이 흐르지 않는 곳을 좋아합니다. 그래서 강 하류나 논두렁, 저수지처럼 바닥이 진흙으로 된 곳을 아주 좋아해요. 그래서 겨울이 오면 진흙 속으로 파고 들어가 겨울을 납니다. 그런데 물속도 아닌 축축한 흙 속에서 미꾸리는 어떻게 겨울을 날 수 있을까요?

바로 여기에 미꾸리만이 가진 생존 전략이 숨어 있습니다. 보통 물고기들은 물속에서 산소를 얻으려고 아가미로 호흡하지만, 미꾸리는 아

미꾸리

가미로 호흡하다가 물속의 산소가 부족해지면 공기를 창자로 보내 숨을 쉴 수 있어요. 참 놀랍지요? 그 까닭은 미꾸리가 사는 곳은 대부분 물에 녹아 있는 산소량이 적기 때문이랍니다. 아무래도 살기가 힘들기 때문에 나름대로 적응해 온 결과지요. 그래서 미꾸리는 한겨울에 물이 없는 흙 속에서도 창자로 숨을 쉬면서 지낼 수 있는 거예요.

미꾸리가 창자로 호흡하는 것을 보려면 이렇게 해 보면 된답니다. 미꾸리가 많이 든 통에 물을 적게 부어서 산소가 많아지지 않도록 하는 거예요. 그러면 미꾸리들은 부지런히 물 위로 나왔다가 산소를 얻어 다시 밑으로 내려갑니다. 같은 일을 자꾸 되풀이하지요. 다른 물고기 같으면 얼마 안 가 산소 부족으로 죽게 되지만, 미꾸리는 단 한 마리도 죽지 않고 버틸 수 있습니다.

그때부터 아주 재미있는 모습이 나타납니다. 다시 물속으로 들어간 미꾸리의 항문에서 마치 방귀를 뀌는 것처럼 물방울 보글보글 나온답니다. 바로 이것이 미꾸리가 창자 호흡을 하는 증거예요. 이 때문에 '미꾸리'라는 이름이 생겼다는데, 밑이 구리다는 뜻으로 밑구리였다가 밋구리, 미꾸리로 바뀌었다니, 재미있으면서도 생태 특성이 잘 담긴 이름 같아요.

그런가 하면 미꾸리에게도 보호색이 있습니다. 다른 물고기도 마찬가지지만, 미꾸리도 진흙 속에서 눈에 잘 띄지 않도록 잿빛 도는 밤색이거나 누르스름한 밤색 바탕에 작은 점들이 불규칙하게 박혀 있어요. 또 몸의 생김새도 흙속으로 파고들기 쉽게 생겼답니다. 진흙 속에 많이 있는 유기물이나 식물성 플랑크톤을 먹고 살아요.

오랜 옛날부터 우리 겨레에게 미꾸리는 식용으로도 아주 중요했습니다. 가을에 먹어야 제 맛이라며 '추어(秋魚)탕'을 끓여 먹기도 했어요. 왜 가을에 미꾸리를 많이 먹었을까 궁금하지요? 가을이 되면 미꾸리는 추운 겨울을 보내기 위해 몸에다 영양분을 많이 쌓았기 때문입니다. 하지만 그보다 더 중요한 까닭이 있어요. 농부들은 해마다 가을이 되면 추수를 합니다. 한 해 동안의 농사를 마무리 짓는 것이지요. 물이 다 빠진 데다가 농약을 쓰지 않아 깨끗한 논에 미꾸리가 얼마나 많았을지 상상이 되나요? 좀 미끄럽긴 하지만 잡기도 쉽거니와 힘든 농사일을 마친 농부들에게 미꾸리는 훌륭한 영양식이 되었답니다. 미꾸리가 우리 겨레와 친한 물고기가 된 것도 다 그런 까닭 때문이지요.

그러나 요새는 미꾸리 보기도 쉽지 않습니다. 논에 농약을 많이 쓰다 보니 미꾸리가 살기 어려워진 거지요. 그런데도 추어탕을 찾는 어른들은 줄지 않아서, 요새는 미꾸리를 대부분 중국에서 들여온답니다. 우리 논에 많이 살던 미꾸리도 중국에서 들여와야 한다니 마음이 아프지요.

버들붕어는 싸움 고기

얼마 전까지만 해도 농촌에는 작은 연못들이 흔했어요. 연못가에는 대부분 수양버들이 자라고 있었지요. 연못에는 버드나무 잎이 떨어져 있고 어리연꽃, 마름, 부들, 개구리밥 같은 물속 식물도 보였습니다. 물풀 사이사이에는 소금쟁이, 물장군, 송사리가 바쁘게 오갔어요.

그런 연못 한쪽에 버드나무 잎처럼 생긴 물고기가 살고 있었습니다. 바로 '버들붕어'예요. 버들붕어를 한 번이라도 본 사람이라면 알겠지만, 이런 물고기가 우리나라에 산다는 게 믿어지지 않을 만큼 몸 색이 아주 화려하지요. 저도 어릴 때 작은 옹기 항아리에다 버들붕어 세 마리를 기른 기억이 납니다. 파리를 잡아다 먹이로 주면 서로 먹으려고 다투곤 했어요. 그 좁은 항아리에서도 여섯 달 넘게 산 걸 보면 버들붕어가 얼마나 강한 생명력을 가졌는지 알 수 있습니다.

버들붕어는 그리 넓지 않은 연못이나 웅덩이에 살다 보니 독특한 습성을 갖게 되었습니다. 좁은 공간에서 살아남기 위해 텃세를 부리

버들붕어

게 되었는데, 수컷이 더하지요. 버들붕어 수컷은 다른 수컷이 자기 세력권에 들어오기라도 하면 곧장 달려들어 싸움을 벌입니다. 그런 까닭에 버들붕어는 '싸움 고기'라는 별명이 생기고 말았지요.

작은 어항에 버들붕어를 여러 마리 넣고 길러 보면 알 수 있습니다. 가장 힘센 수컷 한 마리가 텃세를 부리면서 암컷 여러 마리를 거느린다는 것을 말이에요. 그리고 알 낳을 때가 되어 수컷 몸에 혼인색이 나타난 것을 보면 정말 놀랍습니다. 등지느러미와 뒷지느러미, 꼬리지느러미가 길어지면서 화려한 검은색과 파란색을 보이거든요. 흔히 보이는 열대어와 견줘 봐도 결코 뒤지지 않을 만큼 화려하고 예쁜 모습입니다.

그런 데다가 버들붕어는 알을 낳을 때도 특별한 행동을 합니다. 알은 초여름이 되어야 낳기 시작하는데, 화려한 혼인색으로 몸치장을 마친 수컷 버들붕어가 산란장이 될 만한 물풀 근처에서 심하게 텃세를 하거든요. 마침내 알 낳을 때가 되면 수컷은 물풀 사이에 공기 방울로 마치 거품처럼 생긴 둥지를 만듭니다. 그리고 암컷을 유인해요. 수컷의 혼인색과 둥지를 가장 마음에 들어 하는 암컷이 나타나면 수컷 버들붕어는 암컷의 몸을 감아 180도 돌면서 둥지 안에 알을 낳게 합니다. 그때 수컷도 재빨리 정액을 뿌리지요.

공기 방울로 된 둥지는 물 밖에서 보아도 하얀색 거품 덩어리로 보입니다. 그래서 버들붕어의 둥지를 '거품집'이라고 하는 거예요. 알은 하나씩 나뉘어 거품 사이에 뜨는데, 수컷은 알이 다 깰 때까지 곁을 떠나지 않고 둥지를 지킵니다. 이런 모습을 지켜보고 있으면 왜 버들붕어한테 싸움 고기라는 별명이 붙었는지 저절로 알게 되지요. 버들붕어가 텃세를 부리는 까닭은 자기 후손을 남기려는 본능 때문이에요.

버들붕어는 물 흐름이 거의 없는 연못이나 농수로에 삽니다. 물고기가 살기에는 매우 나쁜 환경이지요. 더구나 여름에는 수온이 30도를 넘고 산소도 부족하고 오염 물질이 많이 들어오는 곳이기도 해요. 하지만 이런 곳에서도 버들붕어는 끈질기게 적응하며 살아왔어요. 그런데 버들붕어가 사는 연못이나 웅덩이까지 점점 없어지고 있으니 앞으로 우리는 어디에서 버들붕어의 화려한 혼인색과 텃세를 보아야 할까요?

누가 봐도 무서운 가물치

우리나라에 사는 민물고기 가운데는 별로 환영받지 못하는 불청객도 있습니다. 베스, 블루길, 무지개송어 같은 외래종인데, 여러분도 들어 본 적 있지요?

하지만 그들이라고 해서 처음부터 나쁜 물고기는 아니었습니다. 그들도 자기 고향에서는 꽤 좋은 대접을 받았을 거예요. 그런데 문제는 사람들이 만들었습니다. 아무거나 잘 먹고 크는 물고기라며 식용으로 쓰려고 우리나라 물속에다 마구 풀어 놓았거든요. 먹을 것이 부족하던 1960, 1970년대에 사람들은 외래종을 10종 넘게 들여와 강과 호수에 풀어 놓았어요. 그 가운데 대부분은 적응하지 못하고 사라져 갔지만, 블루길이나 베스, 무지개송어는 끝까지 살아남아 우리나라의 물속 생태계를 휘젓고 있답니다.

 이것은 물고기뿐만이 아닙니다. 양서류인 '무당개구리', 파충류 가운데 하나인 '붉은귀거북', 그리고 '돼지풀' 같은 식물도 똑같은 경우예요. 이들이 들어온 뒤에 우리 토종 생물과 생태계에 어떤 영향을 줄지 미리 생각해야 했는데, 그렇지 못했습니다. 그 결과 '황소개구리' 문제처럼 풀기 어려운 일들이 쏟아지곤 하지요.

 그런데 여러분, 우리 민물고기 가운데서도 그런 친구가 있다는 것을 알고 있나요? 그 물고기가 바로 지금부터 이야기할 가물치랍니다. 1923년에 일본으로 건너간 우리 가물치가 그곳 고유종 민물고기들을 닥치는 대로 잡아먹어서 큰 문제가 되고 있다는 거예요. 무려 90여 년이 넘도록 말이지요.

 그래서 지금 일본 사람들은 고민이 이만저만이 아니랍니다. 예로부터 식용으로, 약용으로 많이 쓰였기 때문에 우리나라 사람이라면 가물치를 싫어할 까닭이 별로 없습니다. 하지만 일본에서는 가물치가 생태계를 파괴하는 나쁜 물고기가 되어 버렸어요.

 가물치는 누가 보더라도 좀 무섭게 생겼습니다. 크기가 80cm 넘게 자라고, 몸 색깔도 거무스름한 밤색이에요. 그런 데다가 머리가 커다란 뱀처럼 생겼기 때문에 처음 본 사람이라면 아마 흠칫 놀랄 것입니다.

물풀이 많은 연못이나 농수로, 저수지에 살면서 뱀처럼 머리를 좌우로 움직이기 때문에 더욱 무섭게 보여요. 그래서 가물치는 영어로 '스네이크 헤드(snake head)'라고 한답니다. '뱀의 머리'라는 뜻이지요.

게다가 가물치는 산소가 좀 부족한 곳에서도 잘 살 수 있습니다. 아가미로 호흡하기가 힘들어지더라도 산소를 받아들이는 호흡기가 따로 있기 때문에 별 어려움 없이 살 수 있어요. 심지어 가물치는 비가 내린 땅 위에서도 가끔 발견됩니다. 습기만 있다면 땅 위에서도 잘

가물치

움직일 만큼 생명력이 강한 것이지요.

　가물치는 새끼를 낳는 방법도 다른 민물고기들하고는 좀 다릅니다. 봄에 깊이가 1m 정도 되는 저수지에서 알을 낳는데, 근처에 있는 물풀을 잘라서 산란장을 만들고 그곳에다 알을 낳아요. 알은 물 위에 떠 있지만, 아무도 쉽게 건드리지 못한답니다. 왜냐하면 바로 밑에서 암수 가물치가 무섭게 지키고 있기 때문이에요.

　어린 가물치는 물벼룩이나 동물성 플랑크톤을 먹지만, 점점 커 가면서 물고기를 많이 잡아먹습니다. 뿐만 아니라 잠자리처럼 날아다니는 곤충들, 개구리 같은 양서류, 심지어는 새와 뱀까지도 먹는 무서운 포식자이지요.

　그러고 보면 가물치는 우리나라의 연못이나 저수지의 터줏대감이 되고도 남을 물고기입니다. 만약 가물치가 사는 곳에 외래종인 베스나 블루길이 들어왔다면 아마도 가물치가 모조리 다 물리칠 거예요. 그런 가물치가 일본에서 물속 생태계를 망쳐 놓고 있다니 큰 걱정이 아닐 수 없습니다.

송사리 별명은 '눈쟁이'

송사리는 그 이름만으로도 아주 친하게 느껴지는 물고기입니다. 요새는 좀처럼 보기 어려워졌지만, 아마 여러분도 이름은 많이 들어 봤을 거예요. 유난히 눈이 커서 '눈쟁이'라는 별명이 붙어 있지요.

송사리는 우리나라에 사는 민물고기 가운데 가장 작은 물고기랍니다. 어미가 되어도 5cm를 넘지 않고 3cm만 돼도 새끼를 낳을 수 있는 어엿한 어른 물고기입니다. 온 세계에서 새끼를 낳을 수 있는 가장 작은 물고기의 크기가 2cm라고 하니, 송사리도 작기로는 이름을 올릴 만한 물고기 아닐까요?

그렇게 작고 귀여워 보이는 송사리가 물벼룩이나 장구벌레(모기 유충), 그리고 실지렁이처럼 살아 있는 생물을 먹는 데다가, 또 자기 삶터를 옹골지게 지키며 텃세를 부린다면 믿어지나요? 어떤 물고기가 텃세를 하며 자기 삶터를 지킨다는 것은 결코 쉬운 일이 아니에요. 왜냐하면 힘을 많이 쏟아야 하기 때문이지요. 하지만 송사리가 어떻게 사는지 알고 나면 금방 이해할 수 있어요.

송사리가 많이 사는 곳은 다른 물고기들이 살기 어려운 연못이나 농수로, 혹은 작은 저수지입니다. 그만큼 생명력이 강하다는 뜻이지요.

그런데 저는 놀라운 광경을 보았답니다. 전북 군산에서 멀지 않은 무녀도라는 섬에서였는데, 소금을 만드는 염전에 가둔 연못 물에도 송사리가 살고 있었어요. 그 말은 곧 소금기 많은 바닷물에서도 송사리가 산다는 뜻입니다. 얼마나 신기하던지 유유히 헤엄쳐 다니는 송사리를 넋을 잃고 바라보았지요.

그렇다고 송사리가 바다에도 사는 종은 아닙니다. 아까 말한 것처럼 농수로나 작은 연못에 가장 많이 살고 있어요. 송사리가 얼마나 소금기에 강한지는 최기철 박사님과 전상린 박사님의 연구에서도 잘 드러나 있습니다. 한때 두 분은 우리나라의 섬에 사는 물고기를 조사한 적이 있는데, 다른 민물고기는 드물어도 송사리만은 대부분 섬에서 살고 있다고 하셨거든요.

그런 데다가 송사리는 살아남기 위해 적절한 선택을 했답니다. 먹이가 생길 때마다 서로 달려들어 다투기보다는 서열에 따라 정해진 곳에서만 먹이를 찾고 새끼를 낳는 거예요. 송사리가 사는 곳은 다른 물고기들이 살기 좀 어려운 편이어서 먹이를 가지고 다툴 물고기가 많지 않습니다. 먹이가 생기더라도 거의 자기들끼리만 경쟁하면 되기 때문에 쓸데없이 힘을 낭비할 필요가 없었던 것이지요. 그래서 맨 처음 서열을 정하는 싸움이 끝나면 그 정해진 순서대로 텃세를 하며 살

송사리

아요. 참으로 지혜로운 선택이 아닐 수 없지요. 어항에 송사리 여러 마리를 넣어 키워 보면 잘 알 수 있어요. 만약에 우두머리 송사리가 죽으면, 다음 서열에 있던 송사리가 가장 좋은 삶터를 차지합니다.

송사리는 크기가 작은 데다가 주로 물 위쪽에 살기 때문에 좁은 공간에 많은 수가 모여서 살아갑니다. 그러다 보니 알을 낳아 보호하는 데도 아주 특이한 방법을 쓰고 있어요.

암컷 송사리는 아침 일찍 수컷의 텃세 속에서 알을 낳는데, 커다란 알을 10여 개 낳아서 자기 뒷지느러미 앞에 붙이고 다닙니다. 가장 안전한 장소를 찾는 것이지요. 그러다가 적당한 장소를 찾으면 오후쯤 알을 붙여 놓는데, 주로 물풀 사이에 숨기듯 붙여 놓기 때문에 발견하기가 아주 어렵답니다. 그런 데다가 송사리 알은 아주 투명해서 더욱 발견하기가 어려워요. 저도 송사리가 알을 붙이고 다니는 모습은 많이 보았지만, 송사리 알을 물풀 사이에서 본 적은 거의 없답니다. 붙여 놓은 알은 꼭 포도송이처럼 생겼어요.

송사리의 모양새를 자세히 보면 등지느러미와 배지느러미, 뒷지느러미가 모두 뒤쪽에 있습니다. 그리고 머리가 위쪽으로 편편하고 눈도 위에 달려 있기 때문에 모양이 아주 특이하지요. 하지만 생김생김이 물 위쪽에 살기에는 아주 적당한 모양입니다.

우리나라에는 모양이 서로 비슷한 두 종류의 송사리가 살고 있어요. 동해와 남해로 흐르는 강에는 일본에서 사는 것과 비슷한 '송사리'가 살고 있고, 서해로 흐르는 강에는 중국에서 사는 것과 비슷한 '대륙송사리'가 살고 있답니다. 두 종은 비슷하긴 하지만 생김새와 색깔, 크기가 조금씩 다르기 때문에 학자들도 큰 관심을 갖고 있지요. 채 5cm도 되지 않는 작은 물고기이지만, 송사리에게는 아직 우리가 모르는 삶의 비밀이 많이 숨어 있답니다. 여러분의 손에서 그 비밀들이 풀리기를 기대할게요.

은어의 한살이

우리 민물고기 가운데에서 몸에서 향기 나는 물고기가 있다면 여러분은 믿을까요? 그 물고기는 은어랍니다. 은어에게서는 아주 향긋한 수박 향이 난다고 하지요. 은어는 생긴 모양도 예뻐서 보는 사람마다 감탄하곤 하는데, 맛있다는 소문이 워낙 많이 나서 은어를 보면 먹으려고 하는 분들도 꽤 많아요. 누구보다 일본 사람들이 은어를 좋아한답니다. 저는 은백색, 초록색, 노란색이 잘 어우러져 있는 데다가 가슴지느러미 뒤쪽에 주황색 반문이 있는 은어를 보면, 먹고 싶다는 생각은 싹 사라지던데 말이에요.

은어는 알 낳는 행동이 특이하기로도 유명합니다. 알 낳을 때가 되면 지금껏 살던 곳에서 다른 곳으로 옮겨 가는데, 이런 행동을 보이는 물고기를 '회유어'라고 하지요. 잘 알려진 회유어로는 뱀장어, 연어, 황복이 있습니다. 뱀장어는 강이나 호수에 살다가 바다로 가 알을 낳고, 연어나 황복은 바다에서 살다가 알 낳을 때가 되면 강으로 올라오지요. 그런데 은어는 그들하고도 좀 다릅니다. 같은 회유어이긴 하지만, 은어는 강의 중상류에서 살다가 알 낳을 때가 되면 민물과 바닷물이 만나는 하류로 내려가서 알을 낳거든요.

자, 그럼 은어의 일생을 한번 뒤따라가 볼까요?

가을이 되어 바다와 만나는 강 하구에 가면 은어들이 떼를 지어 산란을 합니다. 바닥에 모래와 자갈이 많은 데서 부화된 어린 은어들은 물살에 떠밀려 바다로 흘러가지요. 이렇게 해서 어린 은어의 일생이 시작되는 것입니다. 이때 어린 은어들은 몸이 투명하고, 바다에 사는 동물성 플랑크톤을 먹으며 겨울을 보내요. 그리고 다시 봄이 되면 강 하구를 거쳐 올라옵니다. 이때도 동물성 플랑크톤을 먹긴 하지만, 투명하던 몸은 어느새 많이 자라 은백색으로 바뀌어 있어요.

그리고 또 한 가지가 바뀌어 있습니다. 바로 입인데, 입에 이빨이 생긴 거예요. 그러면 은어는 곧바로 먹이를 바꾼답니다. 이제는 동물성 플랑크톤이 아니라 돌말처럼 바위나 자갈에 붙어 있는 식물성 플랑크톤을 먹는 거예요.

먹이를 바꾼 은어는 계속 상류로 올라가면서 텃세를 시작합니다. 몸이 크고 힘센 은어가 물 가운데 있는 좋은 터를 차지하고, 작고 약한 은어는 가장자리로 한참 밀려나 있거든요. 이때 큰 은어와 작은 은어는 몸 크기가 두 배에 이를 만큼 차이가 납니다. 힘센 은어가 한번 터를 잡으면 다른 은어는 물론 피라미나 갈겨니가 다가와도 와락 쫓아내 버려요. 피라미가 주인 행세를 하던 강 중류에 은어가 나타나면

은어

피라미들은 한쪽 구석으로 밀려나지요. 은어가 돌말을 먹고 지나간 자리를 보면 마치 벌레가 띠를 만들며 꾸물꾸물 기어간 것처럼 보여요.

이렇게 여름이 다 가도록 은어는 강에서 몸집을 불립니다. 그리고 9월이 되어 찬바람이 불기 시작하면 올라온 길을 되돌아 내려가기 시작해요. 제가 알에서 처음 깨어났던 곳, 강과 바다가 만나는 곳으로 가 다시 알 낳을 준비를 하는 것입니다. 마침내 바닥을 깨끗이 청소하고 암수가 알을 낳으면, 어미들은 죽고 알은 깨어나 바다로 떠내려가지요. 또다시 새로운 은어들의 한살이가 시작되는 것입니다.

  은어는 우리나라와 일본에 널리 퍼져 살고 있지만, 중국에서는 아주 좁은 지역에서 살고 있습니다. 우리나라에서는 동해로 흐르는 강에 가장 많고, 그다음은 남해로 흐르는 강에 많이 살아요. 그 가운데 섬진강 은어는 아주 유명하답니다. 서해로 흐르는 강에도 은어가 있긴 하지만 그 수가 아주 적어요.

황복

은어에 대해 공부하다 보니 이런 사실도 알게 되었습니다. 바로 은어의 크기가 강의 크기와 비례한다는 것이에요. 섬진강처럼 큰 강에 사는 은어는 삶터가 길고 넓은 만큼 먹이가 많아서 30cm까지 자라기도 하지만, 제주도나 울릉도에서 본 은어는 가을에 알 낳을 때가 되었는데도 겨우 10cm밖에 자라지 않더군요. 먹이가 부족하니 당연히 크기도 작아지는 것이겠지요.

갈수록 은어가 살 만한 강과 시내가 줄고 있어서 걱정입니다. 오염도 큰 문제지만, 사람들이 먹으려는 욕심에 어린 은어까지 마구 잡아들이니 아주 큰일이에요. 그러다 보니 이제는 사람들이 나서서 새끼 은어를 부화시키고 놓아주어야 할 정도가 되고 말았습니다. 예쁘고 수박 향이 난다는 은어가 영원히 우리와 같이 살아야 할 텐데 말이에요.

눈물겨운 아비의 사랑, 가시고기

부모의 보살핌이 없다면 젖먹이 동물은 자연에서 살아남기 어렵습니다. 이건 물고기들도 마찬가지이긴 한데, 그들은 좀 다른 선택을 했어요. 새끼를 보살피다 보면 자기가 위험해질 수도 있기 때문에 대부분 그러지 않기로 한 것입니다. 그 대신 알을 되도록 많이 낳아서 그 가운데 몇 마리라도 살아남기를 바라는 것이지요. 물속 세상에서도 새끼일 때는 천적의 먹이가 되기 쉽습니다. 그럴 때 새끼들과 같이 있다가는 어미까지도 잡아먹힐 위험이 아주 크지요.

그러나 물고기 가운데는 아주 특별한 방법을 쓰는 친구도 가끔 있습니다. 아프리카에 살다가 지금은 우리나라에도 들어와 살고 있는 '틸라피아'라는 물고기가 있어요. 틸라피아는 알을 낳은 뒤 수정이 끝나면 어미가 자기 입속으로 알을 빨아들입니다. 그리고 알이 깨어 어느 정도 클 때까지 지켜 주는 거예요. 그 때문에 어미는 먹이를 못 먹어서 몸이 점점 쇠약해집니다만, 어미 덕에 새끼 틸라피아는 천적을 피할 수 있는 것이랍니다. 게다가 어미의 입에서 나오자마자 스스로 먹이를 찾아 먹을 수 있기 때문에 더 많은 수가 살아남아요.

우리 민물고기 가운데서도 자기 알과 새끼를 지키는 친구들이 적지 않습니다. 그 가운데 가장 흔한 방법이 산란장을 만들어 알을 낳고, 그 곁에서 지키는 것이지요. 앞에 나온 꺽지나 동사리, 퉁가리가 그렇게 해요. 뿐만 아니라 참붕어, 버들매치, 꺽저기 같은 친구도 나름대로 방법을 마련해 새끼를 지켜요. 그런가 하면 미국에서 온 블루길이나 베스도 제가 낳은 알과 새끼 곁을 떠나지 않고 천적으로부터 보호를 한답니다.

잔가시고기

여기서 한 가지 기억해야 할 게 있는데, 수컷이 새끼를 지키는 종이 많다는 것이에요. 알 낳을 때가 된 수컷은 화려한 혼인색으로 비늘을 갈아입고 암컷을 유인해 알을 낳고 수정을 합니다. 그리고 마치 제 일이라고 철석같이 믿기라도 하는 듯 새끼를 지키지요. 그 가운데 눈물겨운 아비의 사랑을 보여 주는 물고기가 우리나라에 있답니다. 바로 지금부터 이야기할 가시고기예요. 소설 제목으로도 쓰인 적이 있어서 아마 들어 본 사람도 있을 거예요.

가시고기는 등지느러미 앞에 날카로운 가시가 있어서 붙은 이름이랍니다. 가시 수와 모양에 따라 여러 종류가 있는데, 가시가 세 개 있는 종을 '큰가시고기'라고 해요. 온 세계에 널리 퍼져 살고 있지요. 그런가 하면 작은 가시가 7~10개 정도 있는 종이 '가시고기'와 '잔가시고기'랍니다. 다들 크기가 작아서 10cm를 넘는 종은 큰가시고기뿐이에요.

그런데 가시고기들의 어떤 행동이 그렇게 감동을 줄까요?

가시고기들의 새끼 사랑은 산란장을 만들 때부터 참 별납니다. 종류에 따라 조금씩 다르긴 하지만, 자기 새끼를 키울 장소가 정해지면 근처에 있던 물풀을 모아 새집 같은 둥지를 짓는 것만은 똑같거든요. 그 가운데 큰가시고기는 물풀과 바닥에서 파낸 흙으로 마치 제비집 같은 산란장을 만듭니다. 가시고기나 잔가시고기는 물속 물풀이나 나뭇가지 위에다 둥그런 모양으로 둥지를 지어요. 가시고기는 이런 모든 일을 수컷인 아비가 혼자서 한답니다. 그러니 암수가 같이 만드는 새들과는 차이가 있지요.

알 때문에 배가 볼록해진 어미는 수컷이 지은 둥지를 이리저리 둘러봅니다. 그러다가 마음에 들면 둥지 속에다 알을 낳고 사라져 버려요. 하지만 큰가시고기 암컷은 얼마 안 가 죽고 만답니다. 알 낳기를 기다리던 수컷은 곧바로 수정을 시키고 알을 지키기 시작합니다. 어느새 수컷은 몸 색도 많이 바뀌어 있어요. 큰가시고기는 등이 짙은 파란색으로, 배는 붉은색으로 변합니다. 좀 무섭고 강해 보이도록 몸 색을 바꾼 뒤에 알을 노리는 포식자들로부터 새끼를 지키는 것이지요.

큰가시고기 수컷은 알에서 어린 새끼가 깨어날 때까지 한 달 가까이 먹지도 않고 새끼를 지킵니다. 그러면서 부지런히 지느러미를 놀려 산소를 불어넣어 주지요. 그런 아비의 마음을 아는지 모르는지, 새끼들은 무럭무럭 자랍니다. 그리고 새끼들이 둥지를 떠날 때가 되면 수컷은 몸이 벌써 많이 쇠약해져 있어요. 이제 제 할 일을 다 마치고 서서히 죽어 가는 것입니다. 녹음이 짙어 가는 초여름, 죽은 수컷 둘레에서 헤엄치는 새끼 가시고기들을 보고 있으면 눈물겨운 아비의 사랑이 느껴져 절로 코끝이 찡해지지요.

가시고기의 이런 새끼 사랑은 가시고기도, 잔가시고기도 다르지 않습니다. 다만 이들 암컷은 알을 낳은 뒤 곧바로 죽지 않아요. 그리고 정성들여 새끼를 키운 수컷도 곧장 죽지는 않는답니다. 큰가시고기가 보여 준 것처럼 이들도 애틋한 사랑으로 자기가 낳은 알과 새끼를 보호하거든요. 큰가시고기는 바다에서 살다가 봄에 알 낳을 때가 되면 강 하구로 올라옵니다. 그에 비해 가시고기나 잔가시고기는 언제나 강

하류나 저수지에서 살고 있어요.

  하지만 안타깝게도 지금은 이들 모두 만나기가 쉽지 않답니다. 그래서 환경부에서도 멸종 위기 야생 동식물 2등급으로 지정해 보호하고 있어요.

꼬치동자개도 이 땅에서 살 자격이 있어요

  꼬치동자개를 보고 있으면 마음이 맑아지는 것 같습니다. 유난히 눈이 맑아 보여서 그런 걸까요? 수줍은 듯 돌 뒤에 숨어서 수염 네 쌍을 움직이는 걸 보면 누구라도 그런 마음이 들 것 같아요. 꼬치동자개는 얼굴 보기가 힘든 우리의 고유종 민물고기랍니다. 천천히 강바닥을 따라 돌아다니다가 돌 틈을 찾아 숨는 모습이 참 귀엽기도 해요.

  꼬치동자개는 낙동강 중상류, 물이 깨끗하게 흐르고 바닥에 자갈이 깔려 있으며, 그것도 물이 천천히 흐르는 곳에서만 살기 때문에 만나기가 무척 어렵습니다. 낮에는 먹이도 안 먹고 돌 틈이나 돌 밑에 숨어 있다가 밤이 되어야 먹이 사냥을 하기 때문에 더더욱 보기가 힘들어요. 제가 조사해 보니 밤 12시가 넘으면 아예 먹이도 먹지 않더군요.

  그런가 하면 몸 크기가 커질수록 큰 먹이를 좋아하고 있었습니다.

먹이는 하루살이 애벌레나 날도래 애벌레, 깔따구 애벌레 같은 물속 곤충들의 애벌레였어요. 주로 동물성 먹이를 먹는 것인데, 물고기 알이나 새우, 작은 물고기도 잘 먹습니다. 하지만 사냥 실력이 그리 뛰어나지 못해서인지 많이 먹지는 않아요.

　꼬치동자개는 우리나라에 사는 동자개 종류 6종 가운데 크기가 가장 작습니다. 그런 데다가 낙동강 중상류 일부 지역에서만 살기

꼬치동자개

때문에 아주 조심스럽게 다뤄야 해요. 꼬치동자개가 사는 곳에는 갈겨니, 피라미, 칼납자루, 긴몰개 등이 살고 있습니다. 물 흐름이 빠른 여울보다 잔잔한 웅덩이를 좋아하는 물고기들과 같이 지내고 있는 거예요.

그런데 참 걱정입니다. 물고기들이 마음 놓고 살 만한 곳이 하루가 멀다 하고 사라지는 마당에 꼬치동자개를 생각하면 정말 어찌 해야 할지 답답하기만 하거든요. 꼬치동자개는 큼직한 돌이 있어야만 숨어 지낼 수 있고 또 먹이를 잡거나 새끼를 낳아 기를 수 있습니다. 그런데 홍수를 막아야 한다며 강바닥을 파헤치고, 돌을 강 밖으로 들어내는 일이 모두 꼬치동자개가 사는 곳에서 일어나고 있는 거예요.

꼬치동자개는 수가 너무 적기 때문에 언제 멸종될지 아무도 모른답니다. 그런 까닭에 가장 먼저 보호해야 할 민물고기 이름이 나오면 늘 앞쪽에 들어가 있어요. 환경부에서 지정한 멸종 위기 야생 동식물 1등급에도 감돌고기, 미호종개, 얼룩새코미꾸리, 퉁사리, 흰수마자와 함께 올라가 있습니다.

그뿐만이 아닙니다. 꼬치동자개는 2005년 3월에 새로 천연기념물 455호로 지정되었어요. 마침내 문화재청에서도 꼬치동자개를 귀하게 여겨야 할 자연 문화재로 널리 알린 것입니다. 반드시 보호해야 한다며 환경부와 문화재청에서 동시에 지정한 물고기로는 꼬치동자개가 처음이에요. 그러니 얼마나 귀중한 물고기인가요?

그런데도 꼬치동자개는 갈수록 보기 어려워지고 있습니다. 몇 해 전까지만 해도 낙동강에 가면 심심치 않게 볼 수 있었는데, 지금은 덜컥 겁이 날 만큼 줄어들어 버렸어요. 정부에서는 물론 여러 학자들이 애쓰고 있습니다만, 이러다 멸종되는 건 아닌지 마음이 아픕니다.

한 가지 반가운 소식이 있었습니다. 국립수산과학원 내수면양식연구소에 계신 강언종 박사님이 꼬치동자개를 인공 부화시키는 데 성공했다는 거였어요. 하지만 어미 구하기가 하늘의 별 따기처럼 힘든 데다가, 어렵게 구한 어미가 낳은 알이 얼마 되지 않아서 많이 힘들다고 들었습니다.

하지만 그보다 더 걱정스러운 것은 꼬치동자개가 살 만한 곳이 계속 사라지고 있다는 사실이에요. 설사 되살리는 데 성공했다 하더라도 자연으로 되돌려 보낼 곳이 없다면 그게 다 무슨 소용일까요? 우리들 사람이 자연에서 살아갈 자격이 있는 것처럼 꼬치동자개도 이 땅의 주인으로서 살아갈 자격이 있는 것 아닐까요?

우리나라에만 사는 고유종 민물고기

우리나라의 민물고기는 옛날부터 중국을 흐르는 '황하'와 '아무르강'의 영향을 많이 받았어요. 하지만 워낙 멀리 떨어져 있기 때문에 많은 물고기들이 우리 땅의 특성에 적응하면서 살아왔답니다. 그러다 보니 중국에 사는 민물고기가 우리나라에 있기도 하지만, 오직 우리나라에서만 볼 수 있는 물고기가 점점 많아졌어요.

우리 고유종(특산종) 민물고기는 모두 61종입니다. 지금까지 212종이 우리나라에 산다고 알려졌는데, 61종이 고유종이라면 약 29%가 되는 셈이에요. 게다가 61종 가운데서도 잉어과가 33종, 미꾸리과가 13종이어서 이들이 전체 고유종의 75.3%입니다. 아래 쓴 물고기들은 온 세계에서 오직 우리나라에만 사는 민물고기들이랍니다. (* 북한에만 사는 종)

칠성장어과 Petromyzonidae
* 칠성말배꼽(북) *Lampetra morii*

잉어과 Cyprinidae
버들가지 *Rhynchocypris semotilus*
금강모치 *Rhynchocypris kumgangensis*
각시붕어 *Rhodeus uyekii*
서호납줄갱이 *Rhodeus hondae*
한강납줄개 *Rhodeus pseudosericeus*
칼납자루 *Acheilognathus koreensis*
임실납자루 *Acheilognathus somjinensis*
묵납자루 *Acheilognathus signifer*
줄납자루 *Acheilognathus yamatsutae*
큰줄납자루 *Acheilognathus majusculus*
가시납지리 *Acanthorhodeus gracilis*
* 압록자그사니(북) *Mesogobio lachneri*

* 두만강자그사리(북) *Mesogobio tumensis*
중고기 *Sarcocheilichthys nigripinnis morii*
참중고기 *Sarcocheilichthys variegatus wakiyae*
감돌고기 *Pseudopungtungia nigra*
가는돌고기 *Pseudopungtungia tenuicorpa*
쉬리 *Coreoleuciscus splendidus*

참몰개 *Squalidus chankaensis tsuchigae*
몰개 *Squalidus japonicus coreanus*

긴몰개 *Squalidus gracilis majimae*
점몰개 *Squalidus multimaculatus*
어름치 *Gonoproktopterus mylodon*
왜매치 *Abbottina springeri*
돌마자 *Microphysogobio yaluensis*

배가사리 *Microphysogobio longidorsalis*
모래주사 *Microphysogobio koreensis*
여울마자 *Microphysogobio rapidus*
경모치 *Microphysogobio jeoni*
꾸구리 *Gobiobotia macrocephalus*
돌상어 *Gobiobotia brevibarba*
흰수마자 *Gobiobotia naktongensis*
치리 *Hemiculter eigenmanni*

미꾸리과 Cobitididae
수수미꾸리 *Niwaella multifasciata*
좀수수치 *Kichulchoia brevifasciata*
새코미꾸리 *Koreocobitis rotundicaudata*
얼룩새코미꾸리 *Koreocobitis naktongensis*
참종개 *Iksookimia koreensis*

부안종개 *Iksookimia pumila*
미호종개 *Iksookimia choii*
왕종개 *Iksookimia longicorpa*
남방종개 *Iksookimia hugowolfeldi*
동방종개 *Iksookimia yongdokensis*
줄종개 *Cobitis tetralineata*
기름종개 *Cobitis hankugensis*
북방종개 *Cobitis pacifica*

동자개과 Bagridae
눈동자개 *Pseudobagrus koreanus*
꼬치동자개 *Pseudobagrus brevicorpus*

메기과 Siluridae
미유기 *Silurus microdorsalis*

퉁가리과 Amblycipitidae
퉁가리 *Liobagrus andersoni*
퉁사리 *Liobagrus obesus*

자가사리 *Liobagrus mediadiposalis*

뱅어과 Salangidae
젓뱅어 *Neosalanx jordani*

연어과 Salmonidae
* 자치(북) *Hucho ishikawai*
사루기 *Thymallus arcticus jaluensis*

농어과 Serranidae
꺽지 *Coreoperca herzi*

동사리과 Odontobutidae
동사리 *Odontobutis platycephala*
얼룩동사리 *Odontobutis interrupta*

망둥어과 Gobiidae
점줄망둑 *Acentrogobius pellidebilis*
큰볏말뚝망둥어
Periophthalmus magnuspinnatus

천연기념물로 지정된 우리 민물고기

문화재청에서는 우리나라에 사는 생물 가운데 꼭 보호해야 할 종이나 개체를 문화재보호법에 따라 천연기념물로 지정해 두었습니다. 어떤 생물이 한 나라의 천연기념물이 되었다면 나라의 보배라는 뜻이에요. 우리나라에서 천연기념물로 지정된 민물고기는 모두 6종이고, 그 대상은 10가지가 되는데, 종이 지정된 것은 어름치, 미호종개, 꼬치동자개 3종이며 서식지가 지정된 곳은 7곳입니다.
그 가운데 종 자체가 천연기념물로 지정된 민물고기는 무태장어, 어름치, 미호종개, 꼬치동자개가 있어요. 또 무태장어와 어름치는 너무 보기 힘들어서 일부 사는 곳까지 천연기념물로 지정되었습니다. 열목어는 강원도 정선군 정암사와 경상북도 봉화군 석포면에 사는 집단이 따로 지정되어 있고, 황쏘가리는 한강에 사는 황쏘가리만을 천연기념물로 지정해 두었지요. 이렇게 천연기념물로 지정된 민물고기는 아무도 잡아서 기르거나 사고팔 수 없도록 법으로 금지하고 있답니다.

무태장어 Anguilla marmorata (Quoy and Gaimard)
- 제주도 천지연폭포 무태장어 서식지 (천연기념물 27호 : 1962.12.3.)

어름치 Gonoproktopterus mylodon (Berg)
- 금강의 어름치 (천연기념물 238호 : 1972.5.1.)
- 어름치 (천연기념물 259호 : 1978.8.18.)

열목어 Brachymystax lenok tsinlingensis (Pallas)
- 정선 정암사 열목어 서식지 (천연기념물 73호 : 1962.12.3.)
- 봉화 대현리 열목어 서식지 (천연기념물 74호 : 1962.12.3.)

황쏘가리 Siniperca scherzeri (Steindachner)
- 한강의 황쏘가리 (천연기념물 190호 : 1967.7.11.)
- 화천 황쏘가리 서식지 (천연기념물 532호 : 2011.9.5.)

미호종개 Iksookimia choii (Kim and Son)
- 미호종개 (천연기념물 454호 : 2005.3.17.)
- 부여, 청양 지천 미호종개 서식지 (천연기념물 533호 : 2011.9.5.)

꼬치동자개 Pseudobagrus brevicorpus (Mori)
- 꼬치동자개 (천연기념물 455호 : 2005.3.17.)

환경부에서 멸종 위기 야생 동식물로 지정한 우리 민물고기

우리나라 환경부에서는 멸종 위험이 있는 민물고기를 법적으로 지정하여 보호하고 있습니다. 안타깝게도 세월이 흐를수록 지정되는 물고기의 수가 많아집니다. 2005년에 1급이 6종이었고, 2급이 12종이었는데, 2017년 12월 29일에 새로 지정한 멸종 위기 야생 생물에 어류는 1급이 11종, 2급이 16종으로 많이 증가하였답니다. 서울시에서도 4종의 물고기를 보호야생동식물로 지정하여 보호하고 있습니다.

멸종 위기 야생생물 I급(어류 11종)
감돌고기 *Pseudopungtungia nigra*
꼬치동자개 *Pseudobagrus brevicorpus*
남방동사리 *Odontobutis obscura*
모래주사 *Microphysogobio koreensis*
미호종개 *Cobitis choii*
얼룩새코미꾸리 *Koreocobitis naktongensis*
여울마자 *Microphysogobio rapidus*
임실납자루 *Acheilognathus somjinensis*
좀수수치 *Kichulchoia brevifasciata*
퉁사리 *Liobagrus obesus*
흰수마자 *Gobiobotia nakdongensis*

멸종 위기 야생생물 II급(어류, 16종)
가는돌고기 *Pseudopungtungia tenuicorpa*

가시고기 *Pungitius sinensis*
꺽저기 *Coreoperca kawamebari*
꾸구리 *Gobiobotia macrocephala*
다묵장어 *Lethenteron reissneri*
돌상어 *Gobiobotia brevibarba*
묵납자루 *Acheilognathus signifer*
백조어 *Culter brevicauda*
버들가지 *Rhynchocypris semotilus*
부안종개 *Iksookimia pumila*
연준모치 *Phoxinus phoxinus*
열목어 *Brachymystax lenok tsinlingensis*
칠성장어 *Lethenteron japonicus*
큰줄납자루 *Acheilognathus majusculus*
한강납줄개 *Rhodeus pseudosericeus*
한둑중개 *Cottus hangiongensis*

서울시에서 보호 야생 동식물로 지정한 우리 물고기(4종)
황복 *Takifugu obscurus*
됭경모치 *Microphysogobio jeoni*
꺽정이 *Trachidermus fasciatus*
강주걱양태 *Repomucenus olidus*